中华人民共和国行业推荐性标准

公路工程物探规程

Specifications for Highway Engineering Geophysical Prospecting

JTG/T 3222—2020

主编单位：中交第一公路勘察设计研究院有限公司
批准部门：中华人民共和国交通运输部
实施日期：2021 年 01 月 01 日

人民交通出版社股份有限公司
北　京

律 师 声 明

本书所有文字、数据、图像、版式设计、插图等均受中华人民共和国宪法和著作权法保护。未经人民交通出版社股份有限公司同意，任何单位、组织、个人不得以任何方式对本作品进行全部或局部的复制、转载、出版或变相出版。

本书扉页前加印有人民交通出版社股份有限公司专用防伪纸。任何侵犯本书权益的行为，人民交通出版社股份有限公司将依法追究其法律责任。

有奖举报电话：（010）85285150

北京市星河律师事务所
2020 年 6 月 30 日

图书在版编目(CIP)数据

公路工程物探规程：JTG/T 3222—2020 / 中交第一公路勘察设计研究院有限公司主编. — 北京：人民交通出版社股份有限公司，2020.9
ISBN 978-7-114-16831-4

Ⅰ.①公… Ⅱ.①中… Ⅲ.①道路工程—地质勘探—技术规范—中国 Ⅳ.①U412.22-65

中国版本图书馆 CIP 数据核字(2020)第 167150 号

标准类型：中华人民共和国行业推荐性标准
标准名称：公路工程物探规程
标准编号：JTG/T 3222—2020
主编单位：中交第一公路勘察设计研究院有限公司
责任编辑：李　沛
责任校对：赵媛媛
责任印制：刘高彤
出版发行：人民交通出版社股份有限公司
地　　址：(100011) 北京市朝阳区安定门外外馆斜街 3 号
网　　址：http://www.ccpcl.com.cn
销售电话：(010)59757973
总 经 销：人民交通出版社股份有限公司发行部
经　　销：各地新华书店
印　　刷：北京市密东印刷有限公司
开　　本：880×1230　1/16
印　　张：9.5
字　　数：215 千
版　　次：2020 年 9 月　第 1 版
印　　次：2022 年 3 月　第 2 次印刷
书　　号：ISBN 978-7-114-16831-4
定　　价：60.00 元

(有印刷、装订质量问题的图书，由本公司负责调换)

中华人民共和国交通运输部

公　告

第 68 号

交通运输部关于发布
《公路工程物探规程》的公告

现发布《公路工程物探规程》（JTG/T 3222—2020），作为公路工程行业推荐性标准，自 2021 年 1 月 1 日起施行。原《公路工程物探规程》（JTG/T C22—2009）同时废止。

《公路工程物探规程》（JTG/T 3222—2020）的管理权和解释权归交通运输部，日常管理和解释工作由主编单位中交第一公路勘察设计研究院有限公司负责。

请各有关单位注意在实践中总结经验，及时将发现的问题和修改建议函告中交第一公路勘察设计研究院有限公司（地址：陕西省西安市科技二路 63 号，邮编：710075），以便修订时研用。

特此公告。

中华人民共和国交通运输部
2020 年 8 月 21 日

交通运输部办公厅　　　　　　　　　　　　　　　　2020 年 8 月 21 日印发

前 言

根据交通运输部办公厅《关于下达2015年度公路工程行业标准制修订项目计划的通知》（厅公路字〔2015〕312号）的要求，由中交第一公路勘察设计研究院有限公司承担《公路工程物探规程》（JTG/T C22—2009）的修订工作。

本规程是对《公路工程物探规程》（JTG/T C22—2009）（以下简称"原规程"）的全面修订。经批准后以《公路工程物探规程》（JTG/T 3222—2020）（以下简称"本规程"）颁布实施。

本规程修订的指导思想和原则是：调查研究我国公路工程物探的发展现状和技术水平，总结公路工程物探的实践经验和科研成果，借鉴国内外相关标准和先进技术，继承与创新相结合，广泛征求有关单位和专家意见，力求使修订后的规程内容全面、技术先进、指标合理、可操作性强，满足公路工程建设与技术质量管理的相关需求。

修订后的规程由12章和2个附录组成，主要内容包括：1 总则、2 术语和符号、3 基本规定、4 物探应用、5 直流电法勘探、6 电磁法勘探、7 地震波勘探与测试、8 磁法勘探、9 放射性勘探、10 地球物理测井、11 报告编制与成果提交、12 作业安全与环境保护、附录A 常见岩土主要物性参数、附录B 公路工程物探方法选用，涵盖了目前公路工程物探的基本工作程序和方法技术。

本次修订的主要内容包括：

1. 将物探应用范围由工程地质勘探扩展到隧道超前地质探测、工程质量无损检测等方面。

2. 将原规程"电（电磁）法勘探"一章分为"直流电法勘探"和"电磁法勘探"两章编写。在"直流电法勘探"中增加了自然电位法、充电法、激发极化法；在"电磁法勘探"中增加了可控源音频大地电磁法、天然场源音频大地电磁法和电磁波透射法。

3. 将原规程"地震波勘探"一章修订为"地震波勘探与测试"，增加了声波测试等。

4. 修订了地震波勘探的波形记录质量评价标准。

5. 增加了"磁法勘探"一章。

6. "地球物理测井"一章中，增加了放射性测井和电视测井，电测井中补充了自然电位测井、激发极化测井的有关内容。

7. 将原规程"物探报告"一章修订为"报告编制与成果提交"，增加了物探成果资料提交的规定。

8. 将原规程"物探作业安全"一章修订为"作业安全与环境保护"，增加了环境保护的内容。

本规程由刘运平负责起草第1、3章，刘晓、杨文孝负责起草第2章，余波、刘运平负责起草第4章，杨文锋负责起草第5章，杨文锋、黄小年负责起草第6章，刘晓、侯继荣负责起草第7章，陈银生负责起草第8章，林文太负责起草第9章，侯继荣、鲁志强负责起草第10章，封崇德负责起草第11章，张修杰、谷志文负责起草第12章。

请各有关单位在执行过程中，将发现的问题和意见，函告本规程日常管理组，联系人：刘运平（地址：陕西省西安市科技二路63号，中交第一公路勘察设计研究院有限公司，邮编710075；电话：029-88372096，传真：029-88372081；电子邮箱：liuyp@chi-geo.com），以便下次修订时参考。

主 编 单 位：中交第一公路勘察设计研究院有限公司
参 编 单 位：中交第二公路勘察设计研究院有限公司
　　　　　　四川省公路规划勘察设计研究院有限公司
　　　　　　广东省交通规划设计研究院股份有限公司
　　　　　　福建省交通规划设计院有限公司
　　　　　　云南省交通规划设计研究院有限公司

主　　　　编：刘运平
主要参编人员：杨文锋　刘　晓　余　波　侯继荣　陈银生　封崇德
　　　　　　　张修杰　林文太　黄小年　鲁志强　谷志文　杨文孝

主　　　　审：何文勇
参与审查人员：刘云祯　王建军　徐春明　胡建刚　匡少华　陈侃福
　　　　　　　但新惠　马树平　赵　辉　陈广波

参 加 人 员：杨少华　方红萍　张会强　李海龙　张　扬

目 次

1 总则 ·· 1
2 术语和符号 ··· 3
  2.1 术语 ··· 3
  2.2 符号 ··· 7
3 基本规定 ··· 10
  3.1 一般规定 ·· 10
  3.2 工作程序 ·· 12
4 物探应用 ··· 15
  4.1 一般规定 ·· 15
  4.2 路基工程物探 ··· 17
  4.3 桥梁工程物探 ··· 18
  4.4 隧道工程物探 ··· 20
  4.5 不良地质与特殊性岩土物探 ··· 21
  4.6 隧道超前地质预报 ·· 25
  4.7 工程质量无损检测 ·· 27
5 直流电法勘探 ·· 31
  5.1 一般规定 ·· 31
  5.2 电测深法 ·· 35
  5.3 电剖面法 ·· 38
  5.4 高密度电法 ·· 41
  5.5 自然电位法 ·· 43
  5.6 充电法 ··· 45
  5.7 激发极化法 ·· 48
6 电磁法勘探 ··· 52
  6.1 一般规定 ·· 52
  6.2 地质雷达法 ·· 53
  6.3 瞬变电磁法 ·· 56
  6.4 可控源音频大地电磁法 ·· 59
  6.5 天然场源音频大地电磁法 ··· 65
  6.6 电磁波透射法 ··· 67

7 地震波勘探与测试 ⋯⋯⋯⋯⋯⋯⋯⋯⋯⋯⋯⋯⋯⋯⋯⋯⋯⋯⋯⋯⋯⋯⋯⋯⋯⋯⋯⋯⋯⋯⋯⋯⋯ 72
7.1 一般规定 ⋯⋯⋯⋯⋯⋯⋯⋯⋯⋯⋯⋯⋯⋯⋯⋯⋯⋯⋯⋯⋯⋯⋯⋯⋯⋯⋯⋯⋯⋯⋯⋯⋯⋯⋯⋯ 72
7.2 折射波法 ⋯⋯⋯⋯⋯⋯⋯⋯⋯⋯⋯⋯⋯⋯⋯⋯⋯⋯⋯⋯⋯⋯⋯⋯⋯⋯⋯⋯⋯⋯⋯⋯⋯⋯⋯⋯ 75
7.3 反射波法 ⋯⋯⋯⋯⋯⋯⋯⋯⋯⋯⋯⋯⋯⋯⋯⋯⋯⋯⋯⋯⋯⋯⋯⋯⋯⋯⋯⋯⋯⋯⋯⋯⋯⋯⋯⋯ 79
7.4 地震波透射法 ⋯⋯⋯⋯⋯⋯⋯⋯⋯⋯⋯⋯⋯⋯⋯⋯⋯⋯⋯⋯⋯⋯⋯⋯⋯⋯⋯⋯⋯⋯⋯⋯⋯⋯ 82
7.5 瑞利面波法 ⋯⋯⋯⋯⋯⋯⋯⋯⋯⋯⋯⋯⋯⋯⋯⋯⋯⋯⋯⋯⋯⋯⋯⋯⋯⋯⋯⋯⋯⋯⋯⋯⋯⋯⋯ 85
7.6 水域地震波法 ⋯⋯⋯⋯⋯⋯⋯⋯⋯⋯⋯⋯⋯⋯⋯⋯⋯⋯⋯⋯⋯⋯⋯⋯⋯⋯⋯⋯⋯⋯⋯⋯⋯⋯ 90
7.7 水声法 ⋯⋯⋯⋯⋯⋯⋯⋯⋯⋯⋯⋯⋯⋯⋯⋯⋯⋯⋯⋯⋯⋯⋯⋯⋯⋯⋯⋯⋯⋯⋯⋯⋯⋯⋯⋯⋯ 91
7.8 声波测试 ⋯⋯⋯⋯⋯⋯⋯⋯⋯⋯⋯⋯⋯⋯⋯⋯⋯⋯⋯⋯⋯⋯⋯⋯⋯⋯⋯⋯⋯⋯⋯⋯⋯⋯⋯⋯ 94
7.9 地脉动测试 ⋯⋯⋯⋯⋯⋯⋯⋯⋯⋯⋯⋯⋯⋯⋯⋯⋯⋯⋯⋯⋯⋯⋯⋯⋯⋯⋯⋯⋯⋯⋯⋯⋯⋯⋯ 96
8 磁法勘探 ⋯⋯⋯⋯⋯⋯⋯⋯⋯⋯⋯⋯⋯⋯⋯⋯⋯⋯⋯⋯⋯⋯⋯⋯⋯⋯⋯⋯⋯⋯⋯⋯⋯⋯⋯⋯⋯ 99
8.1 一般规定 ⋯⋯⋯⋯⋯⋯⋯⋯⋯⋯⋯⋯⋯⋯⋯⋯⋯⋯⋯⋯⋯⋯⋯⋯⋯⋯⋯⋯⋯⋯⋯⋯⋯⋯⋯⋯ 99
8.2 地面磁法 ⋯⋯⋯⋯⋯⋯⋯⋯⋯⋯⋯⋯⋯⋯⋯⋯⋯⋯⋯⋯⋯⋯⋯⋯⋯⋯⋯⋯⋯⋯⋯⋯⋯⋯⋯⋯ 101
8.3 水域磁法 ⋯⋯⋯⋯⋯⋯⋯⋯⋯⋯⋯⋯⋯⋯⋯⋯⋯⋯⋯⋯⋯⋯⋯⋯⋯⋯⋯⋯⋯⋯⋯⋯⋯⋯⋯⋯ 104
9 放射性勘探 ⋯⋯⋯⋯⋯⋯⋯⋯⋯⋯⋯⋯⋯⋯⋯⋯⋯⋯⋯⋯⋯⋯⋯⋯⋯⋯⋯⋯⋯⋯⋯⋯⋯⋯⋯⋯ 106
9.1 一般规定 ⋯⋯⋯⋯⋯⋯⋯⋯⋯⋯⋯⋯⋯⋯⋯⋯⋯⋯⋯⋯⋯⋯⋯⋯⋯⋯⋯⋯⋯⋯⋯⋯⋯⋯⋯⋯ 106
9.2 伽马测量法 ⋯⋯⋯⋯⋯⋯⋯⋯⋯⋯⋯⋯⋯⋯⋯⋯⋯⋯⋯⋯⋯⋯⋯⋯⋯⋯⋯⋯⋯⋯⋯⋯⋯⋯⋯ 107
9.3 氡气测量法 ⋯⋯⋯⋯⋯⋯⋯⋯⋯⋯⋯⋯⋯⋯⋯⋯⋯⋯⋯⋯⋯⋯⋯⋯⋯⋯⋯⋯⋯⋯⋯⋯⋯⋯⋯ 108
10 地球物理测井 ⋯⋯⋯⋯⋯⋯⋯⋯⋯⋯⋯⋯⋯⋯⋯⋯⋯⋯⋯⋯⋯⋯⋯⋯⋯⋯⋯⋯⋯⋯⋯⋯⋯⋯ 110
10.1 一般规定 ⋯⋯⋯⋯⋯⋯⋯⋯⋯⋯⋯⋯⋯⋯⋯⋯⋯⋯⋯⋯⋯⋯⋯⋯⋯⋯⋯⋯⋯⋯⋯⋯⋯⋯⋯ 110
10.2 电测井 ⋯⋯⋯⋯⋯⋯⋯⋯⋯⋯⋯⋯⋯⋯⋯⋯⋯⋯⋯⋯⋯⋯⋯⋯⋯⋯⋯⋯⋯⋯⋯⋯⋯⋯⋯⋯ 113
10.3 地震波速测井 ⋯⋯⋯⋯⋯⋯⋯⋯⋯⋯⋯⋯⋯⋯⋯⋯⋯⋯⋯⋯⋯⋯⋯⋯⋯⋯⋯⋯⋯⋯⋯⋯⋯ 114
10.4 声波测井 ⋯⋯⋯⋯⋯⋯⋯⋯⋯⋯⋯⋯⋯⋯⋯⋯⋯⋯⋯⋯⋯⋯⋯⋯⋯⋯⋯⋯⋯⋯⋯⋯⋯⋯⋯ 116
10.5 超声波成像测井 ⋯⋯⋯⋯⋯⋯⋯⋯⋯⋯⋯⋯⋯⋯⋯⋯⋯⋯⋯⋯⋯⋯⋯⋯⋯⋯⋯⋯⋯⋯⋯⋯ 117
10.6 放射性测井 ⋯⋯⋯⋯⋯⋯⋯⋯⋯⋯⋯⋯⋯⋯⋯⋯⋯⋯⋯⋯⋯⋯⋯⋯⋯⋯⋯⋯⋯⋯⋯⋯⋯⋯ 118
10.7 电视测井 ⋯⋯⋯⋯⋯⋯⋯⋯⋯⋯⋯⋯⋯⋯⋯⋯⋯⋯⋯⋯⋯⋯⋯⋯⋯⋯⋯⋯⋯⋯⋯⋯⋯⋯⋯ 119
10.8 井温测量 ⋯⋯⋯⋯⋯⋯⋯⋯⋯⋯⋯⋯⋯⋯⋯⋯⋯⋯⋯⋯⋯⋯⋯⋯⋯⋯⋯⋯⋯⋯⋯⋯⋯⋯⋯ 119
10.9 井径测量 ⋯⋯⋯⋯⋯⋯⋯⋯⋯⋯⋯⋯⋯⋯⋯⋯⋯⋯⋯⋯⋯⋯⋯⋯⋯⋯⋯⋯⋯⋯⋯⋯⋯⋯⋯ 120
10.10 井斜测量 ⋯⋯⋯⋯⋯⋯⋯⋯⋯⋯⋯⋯⋯⋯⋯⋯⋯⋯⋯⋯⋯⋯⋯⋯⋯⋯⋯⋯⋯⋯⋯⋯⋯⋯ 121
11 报告编制与成果提交 ⋯⋯⋯⋯⋯⋯⋯⋯⋯⋯⋯⋯⋯⋯⋯⋯⋯⋯⋯⋯⋯⋯⋯⋯⋯⋯⋯⋯⋯⋯⋯ 122
11.1 一般规定 ⋯⋯⋯⋯⋯⋯⋯⋯⋯⋯⋯⋯⋯⋯⋯⋯⋯⋯⋯⋯⋯⋯⋯⋯⋯⋯⋯⋯⋯⋯⋯⋯⋯⋯⋯ 122
11.2 报告编制 ⋯⋯⋯⋯⋯⋯⋯⋯⋯⋯⋯⋯⋯⋯⋯⋯⋯⋯⋯⋯⋯⋯⋯⋯⋯⋯⋯⋯⋯⋯⋯⋯⋯⋯⋯ 122
11.3 成果提交 ⋯⋯⋯⋯⋯⋯⋯⋯⋯⋯⋯⋯⋯⋯⋯⋯⋯⋯⋯⋯⋯⋯⋯⋯⋯⋯⋯⋯⋯⋯⋯⋯⋯⋯⋯ 124
12 作业安全与环境保护 ⋯⋯⋯⋯⋯⋯⋯⋯⋯⋯⋯⋯⋯⋯⋯⋯⋯⋯⋯⋯⋯⋯⋯⋯⋯⋯⋯⋯⋯⋯⋯ 125
12.1 一般规定 ⋯⋯⋯⋯⋯⋯⋯⋯⋯⋯⋯⋯⋯⋯⋯⋯⋯⋯⋯⋯⋯⋯⋯⋯⋯⋯⋯⋯⋯⋯⋯⋯⋯⋯⋯ 125

12.2 仪器设备管理和运输	126
12.3 仪器用电作业安全	126
12.4 爆炸作业安全	127
12.5 陆域作业安全	127
12.6 水域作业安全	129
12.7 测井作业安全	131
12.8 放射性作业安全	131
12.9 特殊环境作业安全	132
12.10 环境保护	133
附录 A 常见岩土主要物性参数	135
附录 B 公路工程物探方法选用	137
本规程用词用语说明	139

1 总则

1.0.1 为统一公路工程物探技术要求，保证公路工程物探质量，制定本规程。

条文说明

交通运输部于2009年3月发布了《公路工程物探规程》（JTG/T C22—2009），对于保证物探工作质量、促进公路工程物探技术应用和加强质量管理发挥了重要作用。但是，随着我国公路建设事业的发展，对工程物探的要求不断提升，与之相关的公路勘察、设计标准也进行了修订，公路工程物探应用中也出现了一些新的问题需要加以规范，原规程已难以适应公路建设的需要。

近年来，工程物探的理论、方法、技术和仪器设备得到了快速的发展，尤其在超浅层高分辨率和深埋探测技术上取得了长足的发展，物探已成为公路工程地质勘探、工程质量无损检测、隧道超前地质预报的重要手段，在公路工程中得到了越来越广泛的应用，积累了大量的工程经验和科研成果。

本次修订从满足当前和今后较长一段时间公路工程建设的实际需要出发，通过广泛、深入的调研、论证和测试验证工作，在总结近年来国内外工程物探的新方法、新技术和充分吸纳公路及相关行业工程物探经验和科研成果的基础上，对《公路工程物探规程》（JTG/T C22—2009）进行了全面修订。

1.0.2 本规程适用于公路工程的物探工作。

条文说明

本条对公路工程物探的适用范围进行了规定。物探具有适用范围广、设备轻便、效率高和成本低等特点，在公路工程地质勘探中有时可以解决钻探等其他勘探手段难以解决的一些问题。物探不仅是一种重要的勘探方法，同时也是一种快速、无损、经济、环保的检测手段，在工程质量无损检测技术体系中具有相当重要的地位。物探可在公路工程地质勘察、设计、施工、运营等全生命周期内，根据工程需要和适用条件进行相应的工程地质勘探、隧道超前地质探测、工程质量无损检测及岩土物性参数测试等工作。因此，在公路工程建设中使用物探，不但能够提高勘探的质量和效率，而且能够提高公路工程建设的经济、社会和环境效益。

1.0.3 物探工作应根据公路工程建设各阶段的勘探目的与任务要求，遵循技术可行、适宜有效、经济合理的原则确定探测方法和工作量。

1.0.4 公路工程物探应贯彻执行国家有关技术经济政策，积极慎重地采用新方法、新技术。

条文说明

近年来，物探新方法、新技术不断涌现，开拓了许多解决地质问题的技术途径，提升了公路工程物探的技术水平，在公路工程中取得了较好的应用效果，推动了公路工程物探的发展。如地质雷达法、声波测试、高密度电法等高分辨率技术的应用，开辟了公路工程质量无损检测的新途径；音频大地电磁法在地形复杂的深埋隧道工程地质勘探中也发挥了重要的作用，取得了较好的勘探效果。因此，对经过工程实践检验，有利于提高物探工作效率和探测质量的新方法、新技术要积极使用，同时对一些需要进一步通过实践检验的新方法、新技术的应用要慎重对待，使用过程中要重视对探测成果的验证和探测效果的回访，不断总结完善。

1.0.5 公路工程物探工作应注重安全生产、环境保护。

条文说明

物探作业大多为野外作业，自然条件比较差，加之物探生产中需要使用高压电、爆炸器材、放射性物质等，安全隐患众多。电池、电瓶等废弃物以及使用无线电通信工具会对环境造成一定的污染。长期接触放射性物质或长期在高寒缺氧地区及洞室、井下工作会对物探工作人员身体健康造成一定伤害。因此，物探工作中要遵守国家有关安全生产法规和环境的法规，注重安全生产和环境保护。

1.0.6 公路工程物探工作除应符合本规程的规定外，尚应符合国家和行业现行有关标准的规定。

2 术语和符号

2.1 术语

2.1.1 物探 geophysical prospecting
以介质之间的物理性质差异为基础,运用物理学的原理、方法和专门的仪器观测物理场的分布及变化,分析介质的物理性质、分布及形态的勘探方法,是地球物理勘探的简称。

2.1.2 综合物探 comprehensive geophysical prospecting
根据同一探测对象所具有的不同物理性质,为达到勘探目的采用两种或两种以上的物探方法进行探测,并对资料进行综合分析的方法。

2.1.3 物探正演 geophysical forward modeling
依据介质的几何参数和物性参数计算物理场值。

2.1.4 物探反演 geophysical inversion
依据物理场值计算介质的几何参数和物性参数。

2.1.5 物探CT geophysical computer tomography
运用物探数值模拟成像技术,对介质形态进行仿真描述的方法,常用的有地震波CT和电磁波CT。

2.1.6 纵测线 longitudinal survey line
平行于路线中线或探测对象走向的测线。

2.1.7 横测线 cross survey line
垂直于路线中线或探测对象走向的测线。

2.1.8 正常场 normal field
相对平稳的物理场,又称背景场。

2.1.9 异常场 anomaly field

偏离正常场并超过一定数值的局部变化，简称异常。

2.1.10 地形校正 terrain correction

对由地形起伏所产生的物理场值畸变进行的数值校正。

2.1.11 电法勘探 electrical prospecting

以介质之间的电学性质或电化学性质的差异为基础，观测和分析电场、电磁场、电化学场的分布和时间特性的一类物探。

2.1.12 直流电法 direct current electrical method

基于观测和分析直流电场、电化学场的分布、强度和变化的一类电法勘探方法。

2.1.13 电测深法 electrical sounding method

采用某一装置，通过逐次扩大电极距，观测和分析地下介质电性沿垂向分布的一种电法勘探方法。

2.1.14 电剖面法 electrical profiling method

采用固定电极距，观测和分析一定深度范围内地下介质电性沿水平方向分布的一种电法勘探方法。

2.1.15 高密度电法 high density electrical method

采用电极阵列技术快速获得地下介质的二维、三维视电阻率观测数据，并依此研究地下介质电性分布的一种电法勘探方法。

2.1.16 自然电位法 self potential method

以氧化还原、渗滤和吸附等电化学作用形成的自然电场为基础，观测和分析大地中自然电场的分布与变化的一种电法勘探方法。

2.1.17 充电法 excitation-at-the-mass method

在良导体上安置供电电极，对其充电，另一供电电极置于无限远处，观测该充电体周围电场的分布或随时间的变化，追踪或圈定低阻体的一种电法勘探方法。

2.1.18 激发极化法 induced polarization method

以介质之间的激发极化效应差异为基础，观测和分析地下介质激发极化电场的分布和时间特性的一种电法勘探方法。

2.1.19 电磁法勘探　electromagnetic method prospecting

基于观测和分析地下介质的电磁感应、电磁场分布和电磁波传播为基础的一类电法勘探方法。

2.1.20 地质雷达法　ground penetrating radar method

使用专门的仪器向地下发射频率介于 $10^6 \sim 10^9$ Hz 的高频电磁波束，观测和分析反射电磁波在介质中的传播时间、能量及频率特征的一种电磁法。

2.1.21 瞬变电磁法　transient electromagnetic method

采用脉冲电流场源激发的一次磁场，在断电间隙观测地下介质感应的二次磁场的一种电磁法。

2.1.22 可控源音频大地电磁法　controlled source audio-frequency magnetotellurics method

同时观测由人工交变电流场源激发的音频电磁场的电场、磁场分量的一种电磁法。

2.1.23 天然场源音频大地电磁法　natural source audio-frequency magnetotellurics method

同时观测由远程天电引起的音频段电磁波的电场、磁场分量的一种电磁法。

2.1.24 电磁波透射法　radio wave penetration method

基于观测和分析介质对电磁波能量吸收特征的一种电磁法。

2.1.25 地震波勘探　seismic wave prospecting

以介质之间的弹性和密度的差异为基础，通过观测和分析地震波在介质中的传播特征，探测岩土体物理性质和界面形态的一类物探。

2.1.26 直达波法　direct wave method

基于观测直达波的地震波勘探方法。

2.1.27 折射波法　refraction wave method

基于观测折射波的地震波勘探方法。

2.1.28 反射波法　reflection wave method

基于观测反射波的地震波勘探方法。

2.1.29 瑞利面波法　rayleigh wave method

基于观测瑞利面波的地震波勘探方法。

2.1.30 地脉动测试 ground microtremors test
基于观测近地表的微动求取场地的卓越周期和脉动幅值的方法。

2.1.31 磁法勘探 magnetic prospecting
以介质之间的磁性差异为基础，通过观测磁性介质引起的磁异常的分布和强度，研究地质构造、磁性体分布的一类物探。

2.1.32 放射性勘探 radioactivity prospecting
通过测量地壳内天然放射性元素的射气浓度或衰变放出的 α、β、γ 射线的强度，解决有关地质问题的一类物探。

2.1.33 伽马测量法 gamma-ray survey method
基于测量天然放射性元素伽马射线强度的一种放射性勘探方法。

2.1.34 氡气测量法 radon survey method
基于测量分散在地下介质中氡气的浓度及其分布的一种放射性勘探方法。

2.1.35 地球物理测井 geophysical logging
借助电缆和专用仪器设备，沿钻孔对井壁进行一系列地球物理测量，通过获取地层物性参数研究钻孔地质剖面、判别地下流体性质的方法。

2.1.36 电测井 electrical logging
以观测和分析钻孔地层的电学和电化学性质为基础的一类地球物理测井方法。

2.1.37 地震波速测井 seismic velocity logging
通过观测和分析地震波在地层中的传播速度，研究钻孔地质剖面的一种地球物理测井方法。

2.1.38 声波测井 acoustic logging
利用声波在不同介质中传播的速度、幅值、频率等声学性质变化，研究钻孔地质剖面、判断钻孔岩体完整程度的一种地球物理测井方法。

2.1.39 超声波成像测井 ultrasonic image logging
利用井壁对超声波的反射特性，直观地展现井壁图像的一种地球物理测井方法。

2.1.40 电视测井 television imaging logging
用电视摄像机沿钻孔扫描，并显示井壁图像的一种地球物理测井方法。

2.1.41 井温测量 temperature logging

沿钻孔观测井内温度的一种地球物理测井方法。

2.2 符号

2.2.1 电性参数符号

E——电场强度；

E_x——x 方向上的电场强度；

E_y——y 方向上的电场强度；

H_x——x 方向上的磁场强度；

H_y——y 方向上的磁场强度；

H_z——z 方向上的磁场强度；

I——电流强度；

ΔV——一次电位差；

ΔV_2——二次电位差；

ε——介电常数；

ε_r——相对介电常数；

η_s——视极化率；

ρ_s——视电阻率。

2.2.2 波动参数符号

A——振幅；

f——频率；

λ——波长；

ψ——相位。

2.2.3 弹性波参数符号

i——折射波临界角；

t_0——激发点双程垂直反射波传播时间；

$\bar{V}$——平均速度；

V_e——有效速度；

V_p——纵波速度、压缩波速度；

V_R——瑞利面波速度；

V_s——横波速度、剪切波速度。

2.2.4 磁性参数符号

T——总磁场；

T_h——总磁场垂向梯度异常；
T_x——总磁场水平梯度异常；
T_0——地磁正常场；
ΔH——磁场水平分量异常；
ΔT——总磁场异常；
ΔZ——磁场垂直分量异常；
κ——磁化率。

2.2.5 放射性参数符号

B_q——放射性活度；
G_y——吸收剂量；
$T_{1/2}$——半衰期；
γ——自然伽马射线。

2.2.6 力学参数符号

E_d——动弹性模量；
G_d——动剪切模量；
μ——泊松比；
μ_d——动泊松比；
ρ——密度。

2.2.7 位置、距离代号符号

A, B——供电电极点；
AB——供电电极距；
C——无穷远极点；
O——观测中心点；
AO——供电电极 A 点至观测中心 O 点的距离；
BO——供电电极 B 点至观测中心 O 点的距离；
CO——观测中心点至无穷远极点的距离；
M, N——测量电极点；
MN——测量电极距；
H——高程、埋深、深度；
h_{max}——最大探测深度；
R——接收点至发射点的距离，简称收发距。

2.2.8 部分英文缩写

GPS——全球定位系统；

IP——激发极化法；
CSAMT——可控源音频大地电磁法；
NSAMT——天然场源音频大地电磁法；
SP——自然电位法；
TEM——瞬变电磁法；
TE——观测大地电磁场中 $H_x\text{-}E_y$ 极化波的装置形式；
TM——观测大地电磁场中 $H_y\text{-}E_x$ 极化波的装置形式。

3 基本规定

3.1 一般规定

3.1.1 使用物探应具备下列条件：
1 被探测对象与周围介质应存在一定的物性差异，并应具有一定的规模。
2 干扰不影响有效信号的识别，探测对象的异常特征应能从背景中分辨。
3 工作场地应具有相应的施测条件。

条文说明

物探是以不同介质之间的物性差异为基础，通过仪器在介质表面或介质内部观测物理场的分布和变化，确定探测对象的空间展布及物性参数，达到解决地质问题的目的。众所周知，仪器观测到的物理场是由探测对象、周围介质及干扰源共同引起的，探测对象的异常强度除与激发场源的强度有关外，还取决于探测对象与周围介质之间的物性差异，探测对象的埋深、规模及现场干扰情况。因此，只有观测到探测对象产生的物理场异常，并以此推断地下介质分布和性质，才能实现物探的目的。因此，本条规定使用物探的3个条件中，有一条不具备时，均不适宜采用物探。

1 探测对象与周围介质存在可被利用的物性差异是物探工作的基本条件。不同类别的物探方法利用的物理性质有所不同，具体如下：
（1）直流电法勘探利用探测对象与周围介质之间的导电性、电化学性质的差异。
（2）电磁法勘探利用探测对象与周围介质之间的电性、介电性的差异。
（3）地震波勘探与测试利用探测对象与周围介质之间的弹性和密度的差异。
（4）磁法勘探利用探测对象与周围介质之间的磁性差异。
（5）放射性勘探利用天然放射性物质的浓度或衰变放出射线强度的差异。

物理场的强度除与物性差异有关外，还与地质体规模正相关，与埋深负相关。因此，本款要求被探测的对象不但与周围介质存在物性差异，而且规模足够大，尺寸相对于埋深可被分辨，并能引起足够的物探异常。

2 根据统计学理论和大量的实践经验，当信噪比达到3时，观测数据被认为是可靠的。因此，本款所说的有效信号一般指信噪比大于3的观测数据。

电、磁、振动、污染等干扰会使仪器的观测数据失真或造成较大的观测误差，甚至导致物探工作的失败。因此，能够从众多干扰因素中分辨出有效信号，并能分辨出反映探测对象的异常是确保物探有效的前提条件。

3 施测条件包括地形、地物条件和观测条件。地形的起伏及地面建筑物往往会影响物探测线、测点的布设，也会使物理场在地表的分布发生畸变。物探工作中一般要求不利的地形、地物不影响基本的测线、测点布设，不显著改变探测对象的异常形态或可以进行校正。

观测条件主要包括仪器设备的安置条件、电极的接地条件、传感器与大地或测试对象之间的耦合条件等，物探方法不同对观测条件的要求也不同，观测条件需满足相应方法数据采集的基本要求。

3.1.2 物探仪器设备应满足性能稳定、结构合理、构件牢固、防潮、抗震和绝缘性能良好的要求，并应定期检验和保养。

3.1.3 物探原始记录应内容全面、可靠翔实，标注清楚，签署齐全，不得缺页、涂改和重抄，电子记录应与班报记录对应并及时汇编、整理、备份。

条文说明

物探原始记录是物探工作的基础资料。内容全面、可靠翔实的原始记录是物探工作质量和成果的重要保证，原始资料一般包括下列内容：
（1）仪器设备的自检、校验、标定、一致性测量记录；
（2）现场试验记录；
（3）测区的基点坐标和高程、物探测量记录；
（4）野外班报记录；
（5）采集数据文件、照片或影像等记录；
（6）质量检查记录。

3.1.4 物探测区、测线的控制基点应与已知的测量基点联测，测量精度应符合现行《公路勘测规范》（JTG C10）的二级控制测量的有关要求。

3.1.5 测区、测网布置应符合下列规定：
1 测区范围应根据探测目的、任务要求、方法特点确定，保证异常的完整，并具有足够的背景。
2 测网密度应根据探测对象的规模确定，确保最小探测对象有异常显示。
3 测线宜避开地形、地物及其他干扰的影响，并宜与勘探线一致或平行。
4 测线、测点应统一编号，并设立明显的标志。

3.2 工作程序

3.2.1 物探宜按事先准备、现场试验、测量定位、数据采集、外业质量检查、资料解释、报告编制的工作程序进行。

条文说明

本条对物探工作程序进行了规定，其目的在于保证物探工作的有序开展，详勘阶段或已有工程物探经验的工点的事先准备、现场试验等工作程序可视具体情况适当简化。

3.2.2 事先准备宜包括下列内容：
1 收集与工程有关的设计方案、施工情况、工程测量、工程地质、水文地质等各种基础资料。
2 现场踏勘并了解项目区的地质条件、地球物理特征及工作条件。
3 拟定工作计划，编制工作大纲。
4 组织人员和设备。

条文说明

充分的准备是做好物探工作的前提条件，其内容包括收集资料、现场踏勘、编制工程物探工作大纲、组织人员和设备等环节。
1 收集与工程有关的资料主要包括：
(1) 已有地质勘察成果资料；
(2) 既有控制点的坐标及高程；
(3) 区域地质、水文地质资料；
(4) 既有物探成果及物性参数测试资料；
(5) 路线自然地理、气象、水文、交通等资料；
(6) 路线方案图和相关工程设置图。
2 现场踏勘的内容主要包括了解现场的交通条件、工作条件和地形、地貌、地质、物性条件等，初步选择物探方法、拟订工作计划、预估物探工作量，为物探大纲编制和后续物探工作做好准备。
3 物探工作大纲是指导物探工作的重要技术性文件，通常包括以下内容：
(1) 项目概况：包括工程概况、自然地理与交通位置、任务、目的与要求等；
(2) 勘察区地形、地质概况及地球物理特征；
(3) 工作方法、技术措施和计划工作量；
(4) 生产组织计划及进度安排；
(5) 质量、安全、环境保护措施；

（6）预期提交成果资料；
（7）其他需要说明及注意的问题。

3.2.3 现场试验应有代表性，试验内容宜包括方法有效性试验和工作参数选择试验。试验结论不明确者，不得转入下一阶段工作。

条文说明

各种物探方法都有一定的使用条件，在相同条件下使用不同的物探方法，其探测能力和探测效果也会有较大的差别。即使同一种物探方法，也有多种观测装置和工作参数可供选择，而观测装置的形式、尺寸和工作参数与探测的深度、精度、效率和效果密切相关。因此，在外业工作前期，要求根据探测目的，结合现场具体的地形、地质条件，在代表性地段进行方法有效性试验和工作参数选择试验，选择物探方法、工作参数。现场试验内容主要包括：

（1）检验仪器的稳定性和适应性；
（2）检验数据观测的精度和可靠性；
（3）选择观测装置和工作参数；
（4）选择数据处理方法，评价其处理效果；
（5）选择解释方法；
（6）评价采用物探方法的适宜性和有效性。

施测前的现场试验工作十分必要，能够起到检验仪器工作是否正常、性能是否稳定，确定工作方法是否适宜有效，观测质量能否得到保证，探测成果能否满足要求。因此，本条强调试验结论不明确者不得转入正式数据采集。

需要说明的是，在详勘阶段若对工点地质情况和地球物理条件熟悉，又有初勘阶段工作经验和成果资料借鉴，也可不做专门的试验，但需要说明所采用的物探方法是有效的和观测装置及工作参数是正确的。

3.2.4 测量定位应符合下列规定：

1 测线的基点、端点、转折点、地形突变点和充电点、建议钻探验证的异常点应测量平面坐标和高程，平面坐标允许误差为±15mm，高程允许误差为±10mm。
2 测点在相应工作比例尺的平面图上允许偏差为±2mm。
3 水面测点的高程应根据水位变化观测记录进行校正。

3.2.5 数据采集应严格按照工作大纲的要求和仪器操作规程的规定实施。数据质量应符合本规程相应方法的观测精度要求。

3.2.6 外业质量检查应符合下列规定：
1 检查方式应根据具体方法的技术要求确定。

2 检查量不应少于总工作量的5%。

3 检查点应在测区均匀分布、随机选取，对畸变点、异常点、拟验证点、可疑地段等重点检查。当原始数据检查不合格时，应分析原因，采取措施或调整工作方案后重新观测。

4 外业质量检查结束应编制质量检查精度统计表。

3.2.7 资料解释应符合下列规定：

1 资料解释应在分析测区物性参数和既有勘探资料的基础上，遵循从已知到未知、由浅及深、点面结合、综合分析、定性指导定量的原则进行。

2 定性解释应在区分干扰异常和有效异常的基础上，根据异常的幅值、强度、形态、分布等特征确定异常体的性质及规模，估算其埋深，初步建立物探异常与地质体的对应关系。

3 定量解释宜利用已知的物性参数和测井资料作为边界条件进行反演。无物性参数测试资料时，可按本规程附录A结合地区经验取值。

4 各种物探方法的解释结果应相互补充、相互验证，并对其进行综合分析，有验证钻孔的工点应利用钻孔资料对物探解释结果进行修正。

条文说明

物探是一种间接的勘探手段，影响物探解释成果的因素众多。在地质条件复杂、地层及岩性的物理性质不明、干扰严重的情况下，物探解释结果具有一定程度的不确定性。由于不同的物探方法采用了不同的物性参数，这些参数都在一定程度上对应了地下介质的某种物理性质，有的参数与地层岩性对应，有的参数可能不完全对应，但毫无疑问，不同物探方法的解释结果都反映了地下介质的某种信息。因此，当同一工点采用多种物探方法时，通过各方法解释结果要相互补充、相互验证和综合分析，有助于提高物探的探测质量和效果。

3.2.8 物探报告应根据任务要求编制，编制内容应符合本规程第11章的规定。

4 物探应用

4.1 一般规定

4.1.1 物探应根据勘探目的、任务要求、现场地形地质条件，结合工程的类型、基础形式、结构特点和勘察阶段确定探测方案。

条文说明

公路工程建设中物探主要用于工程地质勘探、隧道超前地质预报、工程施工质量无损检测，其中公路工程地质勘探一般分阶段进行，在《公路工程地质勘察规范》（JTG C20—2011）中规定，工程地质勘察分为预可行性研究、可行性研究、初步勘察和详细勘察四个阶段，各阶段对工程物探的需求也有所差异，物探的探测对象和探测内容也有所不同，其中预可行性研究阶段以收集资料为主，一般很少采用物探。

（1）可行性研究阶段：一般以收集资料和地质调查为主。当通过地质调查尚无法初步查明的影响路线方案的重大地质问题时，往往需要采用物探为路线方案选择中的重大工程地质评价提供依据。这种情况下，物探作为一种主要的勘探手段被广泛使用。探测的主要内容包括：

①隐伏的区域性断裂构造的位置及规模；
②影响路线方案的大型不良地质体的分布及规模；
③地质条件复杂的重大控制性工程的地质情况；
④跨江、跨海的独立公路工程的地层结构和地质构造。

（2）初勘阶段：物探作为公路工程地质勘探的重要手段之一，主要用于为路线方案比选和重要工点的工程地质、水文地质评价提供基础资料。探测的主要内容包括：

①影响路线方案及构筑物的地质构造、岩性分带的分布及规模；
②岩溶、滑坡、岩堆、泥石流、采空区等不良地质体的分布及规模；
③软土、多年冻土等特殊性岩土分布及埋深；
④复杂桥位岩性分界、基岩埋深及不良地质体的发育范围；
⑤隧道的地层岩性、地质构造、岩溶、地下水富集段及隧道围岩的完整程度；
⑥路基工程的土石分界、软弱夹层及岩体的风化和完整程度；
⑦支挡、涵洞、通道等地基持力层变化；
⑧水下地形、地层结构等。

（3）详勘阶段：物探主要用于配合钻探进行各类构筑物建设场地的工程地质勘探，进一步探测地质异常体的位置、规模及展布特征，指导钻探布设；测定岩土体物性参数等，为工程地质评价和工程设计提供基础资料。探测的主要内容包括：

①根据需要进一步探测隐伏断层、岩溶、采空区、特殊性岩土的展布特征；

②配合钻探测桥位的地质情况，如岩性或持力层性状及起伏，岩溶、采空区不良地质分布及规模等；

③相对于初勘线位变化的改线段；

④位于斜坡地段的桥梁墩台的卸荷裂隙、软弱夹层；

⑤其他疑难工程地质问题；

⑥测试工程设计需要的弹性波速度、卓越周期、大地电导率等岩土物性参数。

4.1.2 物探方法应依据勘探目的、适用条件、工作条件综合分析，参照本规程附录B选择，必要时通过方法有效性试验确定。

条文说明

公路工程物探采用的方法主要有直流电法、电磁法、地震法、磁法、放射性和地球物理测井等。本条强调选择物探方法时应依据勘探目的、适用条件、工作条件综合分析。

需要说明的是：由于使用物探方法需具备一定的条件，通常情况下，对工程场地的地形地质条件、物性条件熟悉，又有类似工程经验时，参照本规程附录B选用物探方法。当地质条件复杂或存在多种干扰时，则需要通过方法有效性试验选择有效的物探方法。有些情况下，使用一种物探方法往往探测能力有限，探测结果也存在一定的局限性和多解性，并不能完全达到勘探目的，此时需要采用综合物探，通过利用同一介质的不同物理参数，从不同的角度和不同的深度层次上反映被探测对象的物理性质和空间展布，以实现解决工程地质问题的目的。

物探在工程中的应用具有一定的局限性，而且具有很强的实践性，需要在工作中不断总结完善，在实际工作中，并不排斥在方法有效性试验的基础上，使用本规程附录B规定之外的其他物探方法。

4.1.3 物探应在分析利用已有地质调绘、物探、钻探、原位测试等资料的基础上进行。发现异常时应现场核查，并与已知资料对比分析，必要时通过钻探等手段验证。

4.1.4 测试物性参数的样品应有代表性，测试方法和测试数量应满足物探资料解释、工程场地评价和工程设计的需要。

4.2 路基工程物探

4.2.1 路基工程物探应结合路基的工程类型、填挖高度、岩土性质等确定探测方案，可探测下列内容：
1 覆盖层厚度、土石分界和岩体风化层厚度；
2 滑坡、岩溶、采空区等不良地质的分布及规模；
3 软土、多年冻土、红黏土、花岗岩残积土等特殊性岩土的分布及厚度；
4 路基边坡的软弱夹层、裂隙带的位置及规模。

条文说明

路基类型按工程地质条件分为一般路基和特殊路基；按断面形式分为路堤、路堑、填挖结合路基、零填零挖路基四种；按材料分为土路基、石路基、土石基三种。不同类型的路基工程使用物探的目的不同，探测内容和探测深度的要求也有差异。一般路基物探主要用于探测覆盖层厚度，特殊路基物探主要用于探测不良地质与特殊性岩土的分布及规模等；陡坡路堤、深路堑物探主要用于探测土石分界及岩体风化程度；高路堤物探主要用于探测覆盖层及软弱岩土体的分布及厚度。因此，在路基勘察中需根据勘探目的，结合路基工程类型、填挖高度、岩土性质确定物探方案。

需要强调的是，在地形起伏较大的地区修建公路，往往会涉及大量的边坡开挖问题，由于深挖段边坡的地层结构及岩体风化程度对路基的稳定性具有重要的控制作用，边坡的土石分界和岩体风化程度及厚度往往成为工程地质勘探的需要查明主要内容。对边坡土石分界和岩体风化程度的探测一般选用折射波法、面波法和高密度电法等。大量的工程物探实践经验表明，折射波法对土石分界的探测效果更好，当边坡土体含水率较大时，通常与高密度电法相互配合查明边坡的地质情况。

4.2.2 物探用于路基初勘应符合下列规定：
1 物探应在1:2 000工程地质调绘的基础上进行。
2 一般路基应沿中线布置测线，地质条件复杂的路段宜增加横测线。
3 高路堤、陡坡路堤、深路堑应沿勘探断面布置测线，地形、岩性沿路线变化较大时宜增加纵测线。
4 特殊路基应结合不良地质与特殊性岩土的类型、规模及发育规律布置测线，每段路基不应少于一纵一横2条，测线长度应根据路基工程地质评价的需要确定。

4.2.3 物探用于路基详勘应符合下列规定：
1 物探应在分析利用初勘资料的基础上，根据路基工程地质勘察的要求，探测岩溶、采空区、软弱夹层等不良地质与特殊性岩土的分布，结合钻探进行综合勘探。
2 测线应平行路线中线或勘探断面布置，地质条件复杂路段宜布置测网。

3 在地表采用物探探测软弱夹层、裂隙带效果不明显时，应在钻孔中选用电测井、超声波成像测井、电视测井等方法进行探测。

条文说明

地层中的软弱夹层、裂隙带对路基边坡稳定性影响较大，一旦开挖，可能会导致边坡沿结构面尤其是软弱夹层产生滑移。由于软弱夹层厚度往往很小，有时仅数厘米甚至更小，而其埋藏深度可能是几米或几十米，通常情况下，地面物探和钻探过程不易发现，需要采用测井方法确定软弱夹层的位置、厚度及产状。

在钻孔中探测裂隙、软弱夹层的测井方法很多，常用的方法有电测井、超声波成像测井、电视测井等，各种方法的探测效果取决于钻孔地层的物性条件、地下水位以及钻孔内有无套管等情况。实际工作中，要求根据钻孔的具体情况选择探测方法。

4.2.4 探测的范围和深度应根据路基工程地质评价的需要确定。

4.3 桥梁工程物探

4.3.1 桥梁工程物探应结合桥梁的基础形式、钻孔布设等确定探测方案，可探测下列内容：
1 覆盖层的厚度、基岩面的起伏及埋深；
2 断层的位置、宽度及产状；
3 岩溶、土洞、采空区等不良地质的位置、规模及展布特征；
4 控制斜坡稳定的软弱夹层、裂隙等结构面的位置及特性；
5 水下地形、地层、风化槽和障碍物的位置等；
6 测试场地岩土剪切波速度和卓越周期等参数。

条文说明

在桥梁工程地质勘探中，物探主要用于配合钻探、挖探等手段查明桥址区工程地质条件及地质异常体的分布范围。本条强调物探应结合桥梁的基础形式、钻孔布设等确定探测方案。

4.3.2 物探用于桥梁工程可行性研究应符合下列规定：
1 物探应配合桥址区工程地质调绘，对隐伏岩性接触带、断裂构造及不良地质进行探测。
2 特大桥、地质条件复杂的大桥等控制性工程应沿轴线布置测线，数量不应少于1条；探测区域性断裂时，应增加垂直断裂走向的测线，数量不应少于2条。
3 跨江、跨海独立桥梁工程应综合考虑水域的宽度和深度、水流的方向和速度等因素选用物探方法和布置测线，测线数量不宜少于2条。

4.3.3 物探用于桥梁初勘应符合下列规定：
1 物探应在桥址区1:2 000工程地质调绘基础上进行，指导钻孔布设。
2 测线应沿轴线或垂直探测对象布置，发现异常时宜增加横测线。受地形影响或场地条件限制、沿桥梁轴线布线困难时，可在钻孔之间或桥台位置布置横测线或测深点，加密勘探点。
3 探测岩溶、采空区等不良地质分布时宜布置测网。

条文说明

桥梁初勘阶段由于布置钻孔较少，物探的作用主要在于划分地层岩性和发现桥址区地质异常，指导钻孔布设，同时也可通过在钻孔之间增加地球物理勘探点，为地质界线的内插、外延提供依据。

4.3.4 物探用于桥梁详勘应符合下列规定：
1 物探应在分析利用初勘资料的基础上，根据桥梁工程地质勘察和基础设计的要求，探测桥位地质异常体的分布范围，测试场地岩土物理参数。
2 地面物探测线、测网应结合桥墩、桥台的位置合理布置。
3 必要时，可利用钻孔进行孔中或孔间探测，方法可选用孔中物探、孔间电磁波透射法或孔间地震波透射法。

条文说明

孔中物探指沿钻孔断面进行的物探工作，主要用于探测孔壁或钻孔周围的地质情况，探测范围虽较小，但探测精度高，能够有效地扩大钻探的探测半径。公路勘察中常用的方法有综合地球物理测井、孔中地质雷达法和孔中管波勘探等。

4.3.5 探测范围及深度应根据桥梁工程地质评价的需要确定。

4.3.6 场地剪切波速测试的钻孔数量应符合现行《公路桥梁抗震设计规范》（JTG 2231-01）的有关规定。

条文说明

测试剪切波速度的目的是用来划分场地土的类型及工程场地类别，提供桥梁抗震设计参数。按照《公路桥梁抗震设计规范》（JTG/T 2231-01—2020）的有关规定，强震区实测土层的剪切波速的钻孔数量为中桥不少于1个，大桥不少于2个，特大桥及特殊结构桥梁根据桥梁抗震设计要求适当增加。

4.3.7 场地的卓越周期和微振动幅值测试应符合本规程第 7.9 节的有关规定。

4.4 隧道工程物探

4.4.1 隧道工程物探应结合隧道埋深确定探测方案，可探测下列内容：
1 隧道进出口段及浅埋段覆盖层厚度；
2 隧道岩性分布、岩体风化程度及岩体的完整程度；
3 断层、破碎带的位置、规模及产状；
4 岩溶、采空区等不良地质与特殊性岩土的分布及埋深；
5 隧道岩土体富水层位及富水段；
6 越江、越海隧道的第四系地层、基岩面起伏、地下障碍物及沉船的位置等；
7 测定弹性波速、土壤电阻率、大地电导率等工程设计参数。

条文说明

在隧道工程地质勘探中，物探作为一种重要的勘探手段，在隧道各阶段勘察中与地质调绘、钻探等手段结合，查明隧址区的工程地质、水文地质条件和隧道围岩的完整程度。公路隧道由于其埋深变化较大，一般从数十米至数千米不等，不同的物探方法探测深度差别很大。因此，在物探方案选择时，除要考虑地形、地质条件外，还要结合隧道的埋深综合确定。

4.4.2 物探用于隧道可行性研究应符合下列规定：
1 物探应根据隧道选址及方案研究的需要，在隧址区大面积地质调绘基础上进行，其成果可补充工程地质调绘。
2 特长隧道、地质条件复杂的长隧道等控制性工程宜沿隧道中线布置测线；越江、越海独立工程的隧道不宜少于 2 条。遇有区域性断裂时宜适当增加测线。

4.4.3 物探用于隧道初勘应符合下列规定：
1 物探应在隧道 1:2 000 工程地质调绘的基础上进行，其成果可补充工程地质调绘、指导钻孔布设。
2 工程地质条件复杂的越岭深埋隧道宜进行综合物探。
3 隧道洞身段应沿轴线布置纵测线；洞口段应布置横测线，每个洞口段横测线数量不宜少于 3 条。地质条件复杂时，可根据具体条件增加测线。
4 隧道钻孔宜进行声波测井，测试段长度应自孔底至隧道洞底高程以上不小于 3 倍洞径。
5 钻探过程遇有放射性岩体时，应采用放射性测井确定其埋深、厚度及强度。
6 地质条件复杂的深孔宜采用地球物理综合测井。

条文说明

声波测井主要用于探测隧道钻孔的地层岩性和岩体风化、完整程度，为隧道围岩分级提供依据和定量指标，尤其当隧道地质条件复杂、岩体破碎，钻孔岩芯采取率较低时，声波测井能够辅助钻探测明隧道地质情况。

4.4.4 物探用于隧道详勘应符合下列规定：

1 物探应分析利用初勘资料，并根据隧道详细工程地质勘察的要求，对隧道地质异常段进行加密。

2 当详勘线位偏离初勘线位需要采用物探时，应按本规程第4.4.3条的有关规定重新布置测线。

3 当需进一步探测岩溶、采空区等异常范围时，应根据隧道工程地质评价的需要加密测线、测点或布置测网，有条件时可进行孔中物探。

4 钻孔应按本规程第4.4.3条的有关要求进行测井。

5 疑难地段可采用电磁波透射法或地震波透射法探查钻孔之间地质情况。

4.4.5 探测深度应至隧道洞底以下稳定地层内。遇有岩溶、采空区或洞底软弱地层发育时，探测深度应满足隧道工程地质评价的需要。

4.5 不良地质与特殊性岩土物探

4.5.1 物探用于滑坡勘探应符合下列规定：

1 可用于探测滑坡厚度、地下水分布及监测滑坡变形。

2 探测滑坡厚度可选用折射波法、反射波法、瑞利面波法、高密度电法、电测深法、地质雷达法等；探测滑坡地下水分布可选用电剖面法、激发极化法、充电法、瞬变电磁法等；监测滑坡变形情况可选用井斜测量和井径测量。

3 大型、巨型滑坡应根据滑坡的规模布置测线或测网；中、小型滑坡可沿主滑断面布置测线。测线宜延伸至滑坡周界以外稳定地层中。

4 探测深度应至滑床以下的稳定地层中。

条文说明

滑坡是斜坡岩土体沿着贯通的剪切破坏面所发生的滑移地质现象。滑动的机理是某一滑移面上剪应力超过了该面的抗剪强度所致。由于滑床上、下岩土体的密实度、电阻率、弹性波速度等物性参数差异显著，多数滑坡的成因与地下水有关。因此，在滑坡勘探中可利用物探方法探测滑坡体的厚度和地下水的分布，监测滑坡变形情况。实际工作中采用何种物探方法，需要根据滑坡的类型、成因、岩土性质、现场地形、地质条件综合分析确定。

4.5.2 物探用于岩溶勘探应符合下列规定：

1 可用于探测岩溶的分布、埋深、规模及充填情况。

2 地表探测岩溶可选用反射波法、电剖面法、高密度电法、电测深法、可控源音频大地电磁法、天然场源音频大地电磁法等；基岩裸露或接地不良时，可选用地质雷达法、反射波法、瞬变电磁法等。

3 水域探测岩溶可选用水域地震波法、电测深法、瞬变电磁法等。

4 探测钻孔周围及钻孔之间的岩溶分布，可选用地球物理测井、电磁波透射法、地震波透射法等。

5 追踪与地下水有关岩溶发育带时，可选用充电法、电剖面法、井温测量、放射性测井等。

6 区分岩溶与炭质岩层引起的异常，可选用自然电位法、激发极化法等。

7 测线布置应符合下列规定：

1）岩溶初勘应沿路线中线布置测线，异常段布置横测线。当岩溶强至极强发育时，宜沿路线左、中、右平行布置纵测线，数量不应少于3条。追踪岩溶发育带时，还应垂直岩溶发育带走向布置一定数量的测线。

2）岩溶详勘应针对需查明的岩溶异常路段，结合工程类型、基础形式和位置布置测网，测线数量不宜少于3条，间距5～30m。疑难地段宜利用钻孔进行孔中物探，探测钻孔周围或钻孔之间的岩溶分布情况。

8 探测的范围和深度应根据岩溶工程地质勘探的要求确定，并应满足工程地质评价的需要。

条文说明

岩溶是水对碳酸盐岩、石膏、岩盐等可溶性岩石进行以化学溶蚀作用为主，流水的冲蚀、潜蚀和崩塌等机械作用为辅的地质作用，以及由这些作用所产生的现象的总称。在地下的表现形式主要为溶洞，物探的主要作用之一是探测溶洞的分布、埋深及充填情况。本次修订增加自然电位法、激发极化法在岩溶探测中应用，其作用之一是区分炭质岩层和溶洞引起电阻率异常。炭质岩层能够引起很强的自然电位异常和激发极化异常，而溶洞引起自然电位异常和激发极化异常很弱。

4.5.3 物探用于采空区勘探应符合下列规定：

1 可用于探测采空区的分布范围及规模。

2 探测方法应结合采空区的埋深、规模确定，可选用高密度电法、电测深法、瞬变电磁法、天然场源音频大地电磁法、反射波法、地面磁法、伽马测量法、氡气测量法等；有钻孔时，可选用电测井、声波测井、超声成像测井、电视测井、电磁波透射法、地震波透射法。

3 测线应沿路线走向或垂直采空区走向布置；测线间距应根据采空区的埋深、规模及各勘察阶段的任务要求，并通过现场试验确定；测区应满足采空区工程地质评价的要求。

  4　疑难地段宜利用钻孔进行物探，探测钻孔周围及钻孔之间地质情况。
  5　探测深度应至最大开采深度以下。

条文说明

  采空区是由人为挖掘煤矿或其他矿藏产生的空洞，采空区的存在使得公路工程的稳定面临很大的安全问题。由于地下采空区具有隐伏性强、空间分布特征规律性差、采空区顶板冒落塌陷情况难以预测等特点，因此，如何对地下采空区的分布范围、空间形态特征和采空区的冒落状况等进行探测，一直是困扰工程技术人员进行采空区危害性评价及合理确定采空区处治对策的关键技术难题。公路工程中一般采用物探与钻探测证相结合的综合勘探方法。

  采空区的另一种表现形式为煤矿火烧区，指由于煤层自燃或井下发生过火灾的采区、工作面等位置。由于煤矿火烧区周围岩石常常存在大量的菱铁矿和黄铁矿结核，在煤层自燃高温烘烤下，其中的铁质矿物会发生物理化学性质的变化，转变成磁性矿物，冷却之后保留磁性，具备了利用磁法探测煤矿火烧区的物性条件。相关资料和近几年采空区勘探的工程经验表明，磁法在采空区勘探中可用于快速圈定煤矿火烧区的范围。因此，本次修订增加了磁法在采空区勘探中的应用。

4.5.4　物探用于断层勘探应符合下列规定：
  1　可用于探测断层的位置、埋深、产状及破碎带的宽度和含水情况。
  2　路基、桥梁等浅埋工程场地，探测断层宜选用高密度电法、电测深法、电剖面法、折射波法、反射波法、瑞利面波法、伽马测量法、氡气测量法等；深埋隧道等工程场地，探测断层宜选用瞬变电磁法、可控源音频大地电磁法、天然场源音频大地电磁法等；孔内探测断层宜选用电测井、声波测井等。
  3　水域探测断层可选用水域地震波法、水域磁法等。
  4　测线应垂直断层走向布置，测线数量不宜少于2条，点距应小于预估断层破碎带宽度的1/2。
  5　探测深度应根据工程地质评价的需要确定。

4.5.5　物探用于岩堆、泥石流勘探应符合下列规定：
  1　可用于探测岩堆、泥石流堆积体的厚度。
  2　物探方法宜选用折射波法、反射波法、瑞利面波法、电测深法、高密度电法等。
  3　测线宜通过堆积体的中心，沿堆积体轴向和垂直轴向布置十字剖面。堆积体规模较大时，可适当增加辅助测线。
  4　探测深度应至堆积体以下稳定地层中。

4.5.6　物探用于多年冻土勘探应符合下列规定：

1 可用于探测多年冻土的分布范围和上限、下限。
2 物探方法可选用地质雷达法、电测深法、高密度电法、折射波法、反射波法、天然场源音频大地电磁法等，单一方法不能达到探测目的时应采用综合物探。
3 测线宜沿路线中线布置，连续冻土段每500m布置1条横测线，岛状冻土段视冻土的规模布置横测线，每一冻土段不宜少于1条横测线。
4 探测深度应大于多年冻土的下限。

条文说明

冻土是指0℃以下，并含有冰的岩石和土壤。一般分为季节冻土和多年冻土。冻土具有流变性，易受气温及环境变化的影响产生融沉、冻胀等，对路基、桥梁桩基等工程的稳定性影响较大，其长期强度远低于瞬时强度特征。正由于这些特征，在冻土区修筑公路往往面临冻胀和融沉的危害。

冻土的类型多、分布广、厚度变化较大，工程地质勘察中通常需要采用物探探测冻土的分布、上限及下限。由于受方法、仪器分辨率限制，有时采用单一物探方法很难同时探测冻土的上、下限的深度及满足分辨率的要求。例如采用折射波法能比较准确地探测多年冻土的上限，而不能用于探测其下限；当冻土厚度较大时，采用高密度电法很难同时兼顾探测冻土的上、下限，当电极间距较小时探测不到下限，间距较大时则不易分辨冻土上限。因此，在冻土勘探中有必要采用综合物探。

4.5.7 物探用于软土勘探应符合下列规定：
1 可用于探测软土的分布范围及厚度。
2 物探方法可选用折射波法、反射波法、瑞利面波法、电测深法、高密度电法等，详细分层时可选用电测井、地震波速测井。
3 测线宜沿中线布置，软土厚度变化较大时应增加纵测线或横测线。

4.5.8 物探用于覆盖层勘探应符合下列规定：
1 可用于探测覆盖层的厚度及分层，探测基岩面的起伏形态。
2 物探方法可选用折射波法、反射波法、瑞利面波法、水声法、水域地震波法、电测深法、高密度电法等，详细分层时可选用电测井、地震波速测井等。
3 测线宜沿中线布置，厚度变化较大时可适当布置横测线。
4 地震区划的高烈度地区，应按抗震设计要求实测场地土的剪切波速度，划分场地土的类别。

4.5.9 物探用于风化层勘探应符合下列规定：
1 可用于探测风化层的分布、厚度及风化程度。
2 物探方法可选用折射波法、反射波法、瑞利面波法、电测深法或高密度电法、水域地震波法，孔内探测可选用声波测井、地震波速测井等。

3 测线应根据勘探目的和工程地质评价需要布置。
4 岩体风化程度评价应实测岩体、岩块波速，计算岩体风化系数和完整性系数，划分风化层厚度。

4.5.10 物探用于软弱夹层探测应符合下列规定：
1 可用于探测软弱夹层的位置及厚度。
2 地表探测可选用电测深法、高密度电法、地质雷达法、反射波法和瑞利面波法。
3 孔中探测可选用电测井、声波测井、地震波速测井、超声波成像测井和电视测井等。钻孔应避免使用套管。

4.6 隧道超前地质预报

4.6.1 物探可用于探测隧道及导洞、斜井等辅助工程的掌子面前方一定距离内的岩性分界、断层破碎带、溶洞、采空区、富水带等地质异常。

条文说明

超前地质预报是一个配合施工进行动态监测的过程。利用物探进行隧道超前地质探测，主要用于发现隧道施工掌子面前方的断层破碎带、溶洞、采空区、富水带等地质异常，并确定其位置及规模，评价其可能引起施工地质灾害的性质及对工程施工的影响，以便在施工中提前采取预防措施，防患于未然。需要说明的是，物探只是隧道超前地质预报的手段之一，是一种间接的探测方法，存在一定的局限性和不确定性，并不能解决隧道掌子面前方的所有地质问题。对于采用物探发现的重要异常，强调及时采用钻探等直接的勘探手段进行验证。

4.6.2 被探测对象应具备下列条件：
1 被探测对象应位于隧道掌子面前方，且沿隧道轴线的长度和横向宽度相对于探测距离足够大，可被分辨。
2 使用反射波法和地质雷达法探测断层、岩性等界面时，被探测界面的倾角应大于35°，与隧道轴线的夹角应大于45°。

4.6.3 物探方法选择应符合下列规定：
1 应适应隧道的场地条件和施工环境。
2 应具有定向探测功能，能够判译异常体的位置。
3 长距离探测宜采用反射波法，短距离探测宜采用地质雷达法。
4 对可能发生大面积坍塌、突水、涌泥等施工地质灾害的隧道，应采用多参数配合及长、短距离探测相结合的方法。

条文说明

隧道超前地质预报常用的物探方法有反射波法、地质雷达法，可选用的方法有瞬变电磁法、直流电阻率法、激发极化法等。

采用物探探测隧道前方的地质情况时，隧道的作业环境、场地条件和干扰因素在一定程度上会影响物探的工作布置和探测效果。如采用 TBM 施工的隧道，受工作条件影响，无法在掌子面上直接布置物探观测装置。另外，由于掌子面场地窄小、凹凸不平，电、磁、振动等干扰大，加之隧道地质条件复杂，单一方法探测往往不能满足要求，探测效果不理想。因此，本条强调，对施工期间可能发生严重地质灾害的隧道要采用多参数相互配合及长、短距离相结合、超前地质钻探与物探结合的方法进行超前地质预报，以规避重大地质灾害引起的施工风险。

4.6.4 反射波法每次探测距离宜按 100m 控制，不宜超过 150m，前后两次探测的重叠段长度不应小于 10m；地质雷达法每次探测距离不宜大于 30m，前后两次探测的重叠段长度不应小于 5m。

条文说明

隧道超前探测的距离与所使用物探方法、地质条件及隧道作业环境有关，合理确定探测距离是确保探测效果和提高探测效率的重要保证。鉴于铁路行业在隧道施工超前地质预报方面积累了比较成熟的经验，本条借鉴了铁路等相关行业标准。《铁路隧道超前地质预报技术规程》（Q/CR 9217—2015）规定：反射波法在软弱破碎地层或岩溶发育区每次探测距离应为 100m 左右，不宜超过 150m；在岩体完整的硬质岩地层探测距离为 120~180m；地质雷达法每次探测距离不宜大于 30m。

考虑到公路隧道的断面较大，一旦发生地质灾害，其规模及工程危害也较大，加之隧道作业环境、地质条件复杂和干扰因素较多，公路隧道超前地质预报经验相对欠缺、经验相对不足，因此，本次修订按照适度从严的原则对隧道超前探测距离进行了规定。

4.6.5 观测系统应符合下列规定：

1 反射波法应根据施测的场地条件，确定检波器和炮点在隧道左、右边墙的位置，检波器与炮点宜在同一平面和高度上；受场地条件限制时，可依据地震波的传播理论设计观测系统。

2 地质雷达法宜采用连续观测方式；不具备连续观测条件时，可采用点测方式，点距不应大于 0.1m。

4.6.6 反射波法数据采集应符合下列规定：

1 观测方式应采用单炮激发、多道接收方式。

2 震源应采用孔内爆炸激震。

3 波形记录应无溢出，初至清晰、无明显延迟和高频振荡。
4 检波器与隧道围岩应紧密接触、耦合良好。
5 记录中坏道数不应大于总道数的20%，且不应出现连续坏道。
6 应采取措施压制声波干扰。

4.6.7 地质雷达法数据采集应符合下列规定：
1 数据采集应采用屏蔽天线，地质雷达天线应根据探测距离合理选择，天线的中心频率不宜高于100MHz。
2 测线应沿掌子面布置，数量不宜少于4条，可采用两横两竖或一横三竖的排列。
3 观测前应移除掌子面附近的金属物，关闭所有用电设备，避免电磁干扰。
4 波形记录应清晰，能够识别有效的电磁波信号。
5 重点异常段应重复观测，重复性较差时应查明原因后重新观测。

4.6.8 资料解释应符合下列规定：
1 反射波法资料解释宜采用下列方法：
1）根据反射波组同相轴的层位及连续特征，判断掌子面前方地层岩性、构造界面的分布和不良地质体的位置。
2）根据反射波的旅行时间确定反射界面与掌子面之间的距离，并计算反射界面与隧道轴线之间的夹角。
2 地质雷达法宜采用下列方法：
1）在剖面图上标出反射层位和反射波组，根据反射波形特征、能量强度及初始相位等特征确定地质异常体的性质，追踪反射层位并圈定异常的形态。
2）根据反射波的传播时间，计算异常体与掌子面的距离。
3 物探成果利用应结合隧道地层岩性、物性特征、施工情况及现场干扰情况进行综合分析。

4.6.9 对于可能发生施工地质灾害的重要物探异常段，应采用超前地质钻探等直接手段进行查证。

4.7 工程质量无损检测

4.7.1 物探可用于路基路面、注浆效果、隧道衬砌、基桩等工程质量无损检测。

条文说明

物探用于公路工程质量无损检测还处于初期发展阶段，检测理论和检测方法技术有待进一步总结完善。本次修订仅将目前在公路工程中应用比较成熟的路基路面、注浆效果、隧道衬砌、基桩等公路工程质量无损检测技术编入本规程。实际工作中，随着技术进步，并不排斥使用经过实践检验的检测技术，以便进一步拓展公路工程无损检测的内容、项目及范围。

4.7.2 工程质量无损检测应符合现行《公路工程质量检验评定标准 第一册 土建工程》（JTG F80/1）的有关规定。

4.7.3 工程质量无损检测除应符合本规程第 3.1.1 条的有关规定外，被检测对象尚应具有相应的测试条件。

4.7.4 工程质量无损检测的物探仪器应符合下列规定：
1 应与被检测对象的结构相匹配，能满足检测项目的需要。
2 应符合本规程相应仪器设备的技术指标。
3 应按规定进行检定和标定，并应限定在检定有效期内使用。

4.7.5 工程质量无损检测应按检测项目要求，结合被检测对象的类型、物质组成和结构特点选用检测方法，并应确定相应的验证方法。

条文说明

　　物探是利用介质之间的物性差异确定被检测对象的性质、密实度及缺陷的位置和规模的一种无损的、间接的检测方法。本条强调，采用物探进行工程质量检测时不但要分析研究被检测对象的物质组成及结构特点，选择适宜有效并经过实践验证的检测方法，同时还要确定相应的直接验证方法，如钻孔取芯验证、物探测井等，以确保检测结果的可靠性。

4.7.6 物探用于路基路面质量无损检测应符合下列规定：
1 可用于检测路基路面厚度和基底病害。
2 检测宜采用地质雷达与取芯验证相结合的方法，取芯验证钻孔的布置应有代表性，异常位置应重点查证。
3 采用地质雷达法检测路基路面厚度时，宜采用 500MHz～2GHz 的高频天线；检测基底病害应采用中心频率较低天线，并通过现场试验确定天线的类型。
4 路基路面检测成果资料宜包括下列内容：
1）各种检测统计、分析、成果图表；
2）路基路面厚度与设计值的误差，超过允许误差的位置、规模；
3）回填不密实区或空洞位置分布图；
4）基底病害的类型、位置及分布图；
5）路基、路面质量检测报告。

4.7.7 物探用于注浆效果检测应符合下列规定：

1 注浆效果检测应采用物探和取芯验证相结合的方法，物探可选用地质雷达法、高密度电法和瑞利面波法，重点地段可选用声波测井、地震波透射法、电磁波透射法。取芯验证钻孔不应少于注浆孔数的3%。

2 检测时应在同一点注浆前和注浆全部结束待其凝结后分别测量，两次测量的仪器参数设置、观测装置、测点位置及资料处理方法应一致。

3 检测区不应小于注浆范围，检测深度应大于浆液扩散的深度。

4 采用地质雷达法检测时，应在注浆区域布置测网，其中线距宜为1～2m，点距不宜大于0.1m。应通过对比注浆前后地质雷达法剖面异常规模的变化，评价注浆区域空洞的填充效果。

5 采用高密度电法检测时，应在注浆区域平行路线布置测网，其中线距宜为2～4m，点距不宜大于1m。应通过对比注浆前后电阻率数值和异常规模及强度的变化，评价注浆区域空洞的填充效果和注浆加固的改进情况。

6 采用瑞利面波法检测时，应以注浆点作为检测点，道间距不宜大于1m，偏移距应通过试验确定。检测点应均匀分布，兼顾重点注浆部位和注浆异常部位，数量不应少于总注浆点数的30%。应通过对比注浆前后面波速度的提高、面波频散曲线特征点的变化和面波速度等值线剖面图上异常强度和位置的变化情况，评价注浆区域空洞的填充效果和注浆加固的改进情况。

7 检测数据分析宜采用下列方法：

1）直接对比分析法：对注浆前后的检测数据对比分析，评价注浆加固的改进情况；

2）达标分析法：对注浆后的检测数据与标准值比较分析，评价注浆加固效果。

8 注浆效果检测成果资料宜包括下列内容：

1）各种检测成果图、统计分析图表；

2）注浆低强度区、渗漏区和空洞位置分布图；

3）检测质量分析、注浆效果评价图表；

4）注浆效果检测报告。

条文说明

物探用于地基加固注浆效果评价的数据分析方法以定性描述和对比分析为主，目前还无法进行定量分析，国内外比较认可的、相对成熟的分析方法有直接对比分析法和达标分析法两种。

（1）直接对比分析法是通过对比注浆前后使用同一种检测方法在同一检测点两次测量的数据、曲线、图像的变化，评价注浆加固的效果，主要用于注浆试验阶段或抽样检测率较低的情况。

（2）达标分析法是通过对检测数据与标准值的对比分析，评价注浆加固效果。达标分析法的关键是如何取得标准值或标准曲线、标准图像等。通常的做法是通过在加固密实点或钻孔实测取得检测数据的标准值，也可在密实区采用统计的方法求取平均值作为标准值。该方法主要用于抽样检测率较高的注浆后检查。

4.7.8 物探用于隧道衬砌质量无损检测应符合下列规定：

1 当隧道衬砌为无钢筋或钢筋较稀疏的钢筋混凝土时，可采用地质雷达法检测混凝土的厚度、空洞、内部缺陷等情况。

2 当隧道衬砌为钢筋较密集的钢筋混凝土时，可采用声波测试检测混凝土厚度、空洞、内部缺陷等情况。

3 检测隧道衬砌混凝土的厚度、空洞、内部缺陷时，宜每10m布置1个断面。

4 检测过程中发现的厚度变化以及空洞、内部缺陷等部位应加密测线、测点，并进行取芯验证。

5 隧道衬砌质量检测成果资料宜包括下列内容：
1）衬砌厚度与设计厚度的对比和评价表；
2）反映空洞、缺陷的分布、位置和规模的图表；
3）隧道衬砌质量评价表；
4）隧道衬砌质量检测报告。

条文说明

需要说明的是，物探用于隧道衬砌质量无损检测，适用于检测隧道衬砌厚度、空洞、内部缺陷、超挖回填及明洞浇注厚度，不适用检测隧道衬砌强度。

4.7.9 物探用于基桩质量无损检测时，应符合现行《公路工程基桩检测技术规程》（JTG/T 3512）的规定。

5 直流电法勘探

5.1 一般规定

5.1.1 直流电法适用于探测相邻介质之间导电性或电化学性质存在差异的地质体的分布和规模。根据工作条件可选用电测深法、电剖面法、高密度电法、自然电位法、充电法、激发极化法等。

条文说明

直流电法勘探是以介质之间的导电性或电化学差异作为基础，对于采用电测深法、电剖面法、高密度电法、充电法等方法，主要分析探测目标与围岩是否存在足够的导电性差异；对自然电位法主要分析不同岩性之间是否存在明显的自然电场差异；对激发极化法主要分析不同介质之间是否有明显的激发极化效应的差异。需要说明的是，直流电法勘探对探测对象的厚度和埋深有一定要求。工程实践经验表明，多数情况下，探测对象的厚度与埋深比大于1/10时，其异常才能在地面观测数据中显示出来。

本条规定可选用电测深法、电剖面法、高密度电法、自然电位法、充电法和激发极化法等6种直流电法勘探方法，在实际工作中，并不排斥使用其他有效的方法。

5.1.2 仪器主要技术指标应符合下列规定：
1. 输入阻抗大于20MΩ；
2. 对50Hz工频抑制大于40dB；
3. 电压通道电平不低于5V；
4. 电压分辨率不低于0.01mV；
5. 电流分辨率不低于0.1mA；
6. 最大电压不小于450V；
7. 最大电流不小于3A；
8. 极化率分辨率不低于0.01%；
9. 可在-10~+50℃条件下正常工作。

条文说明

直流电法仪器的主要技术指标是根据外业工作环境、数据采集的精度要求、参照国内外主流电法仪器的技术现状，结合公路行业现阶段使用仪器的技术指标制定的，本条规定是对直流电法勘探仪器的基本要求。在实际工作中，物探仪器根据探测方法、探测深度和观测精度的要求合理选定，但主要技术指标不低于本规程要求。

5.1.3 同一工点使用两台及两台以上仪器接收时，应进行仪器一致性测量。一致性测量允许均方相对误差为±2%。

条文说明

由于两台仪器之间存在一定的系统误差，会对观测结果造成一定的影响。本条对于同一工点两台及两台以上仪器的一致性测量的规定，允许均方相对误差为±2%，是基于当前国内外主流直流电法仪器的技术现状，从直流电法勘探各项误差分配的综合考虑，只有当仪器一致性均方相对误差不大于±2%时，才能保证总的观测总精度满足±5%的要求。

5.1.4 施测前应检查所有供电和测量导线绝缘性能，其中供电线对地绝缘电阻应大于2MΩ/km，测量线对地绝缘电阻应大于5MΩ/km。

条文说明

绝缘性能较差的导线可能会引起漏电，由于无论是供电导线还是测量导线漏电都会导致观测数据产生较大的误差，甚至会导致观测数据错误。因此，本条强调施测前应对导线进行漏电检查。

5.1.5 试验工作应符合下列规定：
1 试验方案应根据任务要求，结合测区地质条件、物性条件确定。
2 试验点宜布置在钻孔旁或已知地段。
3 试验应包括下列内容：
1）仪器一致性测量；
2）选择观测装置；
3）选择工作参数；
4）确定最大供电极距及最大供电功率；
5）测量测区内的噪声电平；
6）方法有效性评价。

5.1.6 导线敷设应符合下列规定：
1 除高密度电法外，其他方法的测量导线与供电导线应分别敷设，并保持一定距离。

2 敷设的导线应远离高压线；难以避开时，宜垂直通过高压线。
3 导线通过地表水体时宜架空；通过道路时，应埋设或穿孔通过。

条文说明

1 供电导线和测量导线分开布设能够有效减小测量导线与供电导线之间电磁感应的影响，有利于提高观测数据的质量。

2 当供电导线或测量导线与高压线平行时，高压线周围的磁场会在导线中产生较强的感应电流，从而导致观测结果中叠加了感应电流的成分，影响了观测结果的真实性。因此，本款强调导线的敷设要远离高压线，当无法避开高压线时，则要求垂直高压线布设导线，其目的是为了减小高压线与导线之间的电磁感应对观测数据的影响。

3 物探测线经常需要跨越水体布置，通过水体时一般要求架空导线，目的是防止因导线漏电而导致错误的观测数据，这是保证观测数据可靠的重要措施。

5.1.7 电极布设应符合下列规定：

1 供电电极深度应小于供电极距 AB 的 1/20，相邻电极间隔应大于入地深度的 2 倍。

2 供电电极和测量电极均应布置在相应的点位上，并且接地良好、稳固。

5.1.8 供电电极的接地电阻宜小于 $1k\Omega$，测量电极的接地电阻宜小于 $10k\Omega$。电极接地电阻过大时，应采取浇水、加深电极或增加电极数量等措施。

条文说明

供电电极和测量电极的接地电阻指标是根据目前直流电法仪器的功率、输入阻抗及外业数据采集的经验规定的。实际操作中，接地电阻过大时，要采取有效的措施降低接地电阻，经对接地条件处理后，测量电极的接地电阻仍不满足要求时，可以适当放宽到 $15k\Omega$。

5.1.9 漏电检查应符合下列规定：

1 供电导线、测量导线和电源应分别进行漏电检查。
2 电测深法遇下列情况时应进行漏电检查：
1） AO 不大于 500m 的起始和最后一个测点；
2） AO 大于 500m 的所有测点。
3 电剖面法遇下列情况时应进行漏电检查：
1） 每条测线的起点和终点；
2） 潮湿地区每隔 10 个测点，干燥地区每隔 20 测点；
3） 畸变点或异常点。

4 漏电电流不应超过观测电流值的±1%，否则应检查处理，直至满足要求。

条文说明

对漏电检查的规定是根据以往的外业工作经验，参照其他行业标准制定的，是保证观测质量的重要措施。由于观测过程中仪器设备、供电导线、测量导线的漏电均会对观测数据产生较大的影响，使得观测数据失真，观测曲线畸变，目前的技术手段无法对漏电造成的影响进行校正。因此，在电法作业中要按本条规定进行漏电检查。

5.1.10 重复观测应符合下列规定：

1 电测深法遇有下列情况之一者，应进行重复观测：
  1）当 AO 不大于 500m 时，每隔 3~5 个测点重复观测；
  2）当 AO 大于 500m 时，所有测点重复观测；
  3）电测深曲线的拐点和畸变点。

2 电剖面法遇有下列情况之一者，应进行重复观测：
  1）每隔 10 个测点；
  2）一次电位差 ΔV 突变点；
  3）剖面曲线的异常点、畸变点。

3 激发极化法遇有下列情况之一者，应进行重复观测：
  1）二次场电位差 ΔV_2 小于 0.3mV；
  2）存在明显干扰的测点；
  3）二次场衰减不正常。

4 自然电位法和充电法遇有下列情况之一者，应进行重复观测：
  1）每隔 10 个测点；
  2）电位极值点、梯度零点及曲线上的突变点、可疑点。

5 两次观测允许相对误差为 5%，重复观测合格后，取其算术平均值作为该测点的观测记录值。

条文说明

重复观测是指不改变电极位置进行两次或两次以上的观测。由于野外的测试条件、环境、人为因素等都会对观测数据产生影响，为消除或减少这些干扰因素的影响，进行重复观测是保证数据采集质量的重要措施，尤其要重视在异常点、特征点、畸变数据点和可疑数据点上重复观测。

5.1.11 电性参数测试应符合下列规定：

1 岩土体电阻率参数测试可采用标本法或露头法，也可通过电测深曲线法求取。
2 测试标本应加工成规则的圆柱形状，两端表面打磨平整；露头法应采用对称四极装置，观测装置应布置在同一岩性中部 1/3 范围内。

3 同一岩性测试参数的数量不应少于 6 个；不具备测试条件时，可依据电测深曲线反演求取。

4 工程场地土壤电阻率、大地电导率等参数测试应采用电测深法，测点密度和测量深度应满足参数使用专业的需要。

条文说明

土壤电阻率、大地电导率测量主要用于公路工程的各种电器设备的接地设计，判别土对钢结构的腐蚀性。一般采用温纳装置或施伦贝尔装置进行测量，测试成果为不同深度电阻率平面图和平均电阻率值。

5.2 电测深法

5.2.1 电测深法可用于探测地下介质的埋深、厚度及测量土壤电阻率、大地电导率等参数。

条文说明

本条规定了电测深法的适用范围。在公路工程地质勘察中，电测深法主要用于测定工程场地地下介质的电阻率或极化率的垂向变化，推断解译地下不同深度岩土层及地下地质体埋深及厚度。

5.2.2 电测深法观测装置选择宜符合下列规定：

1 探测层状水平地层宜选择对称四极装置；不具备跑极的条件时，可选择三极装置。

2 探测岩溶、采空区等不规则地质体宜采用四极装置、三极装置和五极纵轴装置等。

3 测量土壤电阻率、大地电导率等参数宜选用对称四极装置。

条文说明

电测深法的观测装置按照电极排列组合的不同，可有多种形式，常用的有四极装置、三极装置、五极纵轴装置、偶极装置等。本条根据以往勘探经验，对公路工程地质勘察中经常遇到的地质问题所使用电测深法的观测装置给予推荐，不排斥在实际工作中使用其他有效的观测装置。

5.2.3 观测装置宜平行地层走向布置，装置方向允许偏差为 3°，极距允许相对误差为 1%，同一工点宜使用相同的观测装置。

5.2.4 电测深法测点布置应符合下列规定：

1 测深点的间距应根据探测对象的埋深及规模确定。

2 划分地层时，点距宜小于探测对象埋深的1/2。

3 探测岩溶等有限地质体时，点距密度应保证最小探测对象在同一测线上至少相邻3个测点有异常反应。

4 电性不均匀或存在各向异性的工点可布置一定数量的十字测深点。

条文说明

由于公路工程一般为带状工程，有其特殊性，有很多工程场地不适宜布置十字测深点。因此，本次修订没有对十字测深点的数量进行定性规定。在实际工作中可根据任务要求、地形及场地条件布置，不具备布置条件时，也可选择电剖面法等其他方法了解地层电性的各向异性特征。

5.2.5 电测深法极距选择应符合下列规定：

1 最小供电极距应能保证电测深曲线有明显的首支渐近线。

2 各极距点在双对数坐标纸上宜均匀分布，相邻两极距的比值不宜大于1.5，分辨率要求可按等差级数增加电极距。

3 最大供电极距应满足最下一层解释深度的需要，反映电性标志层底部的拐点之后不应少于3个电极距的观测值。

4 三极或联合测深中，当无穷远极布置在两测量电极的中垂线上时，应满足偏角小于$10°$和CO大于5倍的AO或BO的要求；当无穷远极布置在测量电极的延长线上时，应满足CO大于10倍的AO或BO。

5 MN/AB宜介于$1/3 \sim 1/30$。

条文说明

电测深法的探测深度随着极距增大而增大，极距点过少降低了探测的分辨率，过多则影响工作效率，并且不能有效提高垂向分辨率，造成不要的浪费。因此，设置电测深极距时，需要综合考虑探测深度、垂向分辨率和观测精度等因素，合理确定最大、最小极距和极距的间隔及数量。

5.2.6 电测深法数据采集应符合下列规定：

1 观测的一次电位差不应小于1mV；当一次电位差小于3mV时，宜改变电流强度重新测量。

2 重复观测应符合本规程第5.1.10条的有关规定。同一极距应进行多次读数，取其常见值作为该极距的观测值。

3 当由于MN极距改变导致测深曲线出现不正常脱节时，应检查改变前后M、N

极的接地条件，分析原因，并改变 M、N 极的位置重新测量。

4 同一个电测深点不在同一天观测时，应在连接处重复观测两个以上极距，其相对误差不应超过 5%。

5 应现场绘制电测深曲线，发现畸变点应及时采取措施，并重新测量。

条文说明

现场绘制电测深曲线草图能够及时发现移动后的测量电极 M、N 接地是否良好，电测深曲线脱节点是否正常，是否存在畸变点，首支及尾支渐近线是否满足解决地质任务的需要，是否需要加密测量极距等，及时采取措施纠正和补充电测深法观测结果。本规定对于提高观测数据质量，保证探测效果十分必要。

（1）使用固定 MN 法时，在模数 6.25cm 双对数坐标纸上，电测深曲线脱节点存在下列情况之一者为不正常脱节：

①脱节距离超过 5mm；

②接头交叉或出现严重的喇叭口，且接点处两次观测值偏差超过 ±5%；

③接头反向。

（2）电测深曲线存在下列情况之一者为曲线畸变：

①曲线严重不圆滑；

②曲线尾支上升大于 45°；

③曲线出现突变点。

5.2.7 电测深法数据观测精度应符合下列规定：

1 单个极距的视电阻率允许相对误差为 10%，按式（5.2.7-1）计算：

$$\delta = \left| \frac{2(\rho_s - \rho'_s)}{\rho_s + \rho'_s} \right| \times 100\% \tag{5.2.7-1}$$

式中：δ——单个极距视电阻率相对误差；

ρ_s——原始观测视电阻率值（$\Omega \cdot m$）；

ρ'_s——检查观测视电阻率值（$\Omega \cdot m$）。

2 单个电测深检查点的视电阻率允许均方相对误差为 ±5%，按式（5.2.7-2）计算：

$$m = \pm \sqrt{\frac{1}{2n} \sum_{i=1}^{n} \delta_i^2} \tag{5.2.7-2}$$

式中：m——单个测深点视电阻率均方相对误差；

n——参与计算的检查极距个数。

3 全区系统检查视电阻率允许平均均方相对误差为 ±5%，按式（5.2.7-3）计算：

$$\overline{m} = \pm \frac{1}{N} \sum_{j=1}^{N} |m_j| \tag{5.2.7-3}$$

式中：$\overline{m}$——全区视电阻率平均均方相对误差；

N——系统检查点数；
m_j——第 j 个检查点的均方相对误差。

条文说明

电测深法数据观测精度评价沿用《公路工程物探规程》（JTG/T C22—2009）的规定。多年来的实践证明，该规定适应当前公路工程物探的技术现状，能够满足公路工程物探的需要。

5.2.8 电测深法资料解释应符合下列规定：
1 电测深曲线的脱节应做消差处理，同一工点的测深曲线应采用相同的处理方法。
2 定性解释应依据曲线的类型及特征点大致划分电性层，并依据视电阻率拟断面图中的异常幅值、形态和分布确定异常体的展布。
3 定量解释应在定性解释的基础上进行，利用专用的反演软件计算各电性层的电阻率、埋深及厚度。
4 应通过分析电性层与地层岩性的对应关系，将电性资料解释为地质成果。

条文说明

定量解释方法一般是先给出各层的电阻率、深度和层厚的初始参数，然后采用计算机进行一维、二维反演。有实测各岩性层电阻率参数时，可以固定各层电性参数，反演其埋深及厚度。对于断层破碎带、洞穴等有限地质体的解释首先是在视电阻率断面上进行异常识别，分析电性参数，然后根据供电极距估算异常深度，有条件时利用边界元法进行二维、三维反演计算。

5.2.9 电测深法图件宜包括下列内容：
1 电测深曲线图；
2 视电阻率拟断面图；
3 视电阻率等深度平面图；
4 解释的柱状图、剖面图、平面图。

5.3 电剖面法

5.3.1 电剖面法可用于探测地下一定深度范围内的地层、岩性水平方向上的变化及地质体的分布。

条文说明

电剖面法在公路工程地质勘探中主要用于快速查明倾斜岩层、岩组的分界；追踪断层、地下水分布范围；了解岩溶、洞穴等不良地质体的平面位置。

5.3.2 电剖面法观测装置的选择应符合下列规定：
1 面积性普查宜选择中梯装置，AB 宜为探测对象顶部埋深的 8~12 倍。
2 探测非水平的地质构造、岩性分界宜选用三极装置、联合剖面装置等，AO 或 BO 应大于探测对象顶部埋深的 3 倍。
3 探测岩溶、洞穴等不良地质体可选用对称四极装置、三极装置等。
4 地表电性不均匀时，可选用偶极装置。

条文说明

电剖面法工作中通常是根据任务要求，结合地层、岩性、地形条件及地质体的埋深选择观测装置和装置尺寸。目前在电剖面法观测中，中梯装置、四极装置、三级装置、联合剖面装置使用较多，偶极装置使用较少。

需要说明的是，本条规定是根据以往的工程经验总结而成，对公路中经常遇到的地质问题所使用的观测装置给予推荐，不排斥在电剖面法实际工作中使用其他有效的观测装置。

5.3.3 电剖面法测线、测网布置除应符合本规程第 3.1.6 条的有关规定外，尚应符合下列规定：
1 测线方向应与地层或探测对象走向垂直或大角度相交。
2 反映探测对象异常的测线不应少于 3 条，每条测线上应确保 3 个连续测点上有异常显示。

条文说明

电剖面法的主要作用是划分岩性界线，追踪并确定地质体的平面位置。合理布置物探测线是保证探测效果的前提条件。

本条对于测线方向、测网密度的规定，是保证获取电剖面法的异常有足够背景衬托、曲线完整、特征点明显、易于识别和推断解释，基于这一考虑制定了相应的测线、测网布置的规定。

5.3.4 电剖面法极距选择应符合下列规定：
1 应根据探测对象的埋深及规模，结合现场地形、电性条件，通过试验确定电极距。
2 "无穷远极 C" 距离测线的垂直距离应不小于 5 倍的 AO 或 BO。
3 MN 宜为点距的 1~2 倍，MN/AB 宜介于 1/3~1/50 之间，在确保观测信号可靠的情况下，宜选择较小的 MN，以提高分辨率。

  4 中间梯度法的测量范围应在 AB 中部的 1/3 区间内，旁侧测线与主测线的垂直距离不应大于 AB/6。

  5 同一工点应采用相同的电极距。

条文说明

  电剖面法的电极距大小与探测深度正相关，与分辨率负相关，采用的电极距大小是否合适，直接关系到探测的效果。因此，电剖面法工作之前应通过试验选择极距。试验可从小到大选用多个极距或布置少量电测深点进行极距选择试验，以选择最佳的工作极距，也可根据需要采用两个或两个以上供电极距，以满足探测地下不同埋深目的体的需要。

5.3.5 电剖面法数据采集除应满足本规程第 5.2.5 条的有关规定外，尚应在同一测线两次测量或两个装置的连接处重复观测不少于 2 个测点。

5.3.6 电剖面法观测精度应采用均方相对误差评价，按本规程式（5.2.7-2）计算。视电阻率允许均方相对误差为 ±5%。

5.3.7 电剖面法资料解释应符合下列规定：
  1 应通过数据处理手段予以剔除或压制干扰异常。
  2 定性解释应根据曲线的特征判断异常的性质，圈定异常体平面位置，估算其埋深。
  3 可选择典型剖面进行正、反演。

条文说明

  电剖面法的优点在于能够快速发现某一深度范围内地下地质体之间电性的横向差异，并确定其异常体的位置，不足之处是垂向分辨能力不足。目前对于电剖面曲线的解释大多以定性解释为主。理论上讲，单一形态的异常体均对应一种曲线，曲线的形态、特征点与地质体形态、产状、规模间存在对应关系。因此，可根据曲线形态判断地质体的产状，利用特征点半定量计算异常体埋深，依据供电极距估算探测深度范围。当探测对象形态规则时，可进行正演、反演。

5.3.8 电剖面法图件宜包括下列内容：
  1 视电阻率剖面曲线图；
  2 视电阻率平面等值线图；
  3 定性或半定量解释平面图、剖面图；
  4 典型剖面的正演计算曲线及模型图。

5.4 高密度电法

5.4.1 高密度电法可用于同时探测地下介质水平和垂直方向上的电性变化，解决有关地质问题。

条文说明

高密度电法是集电测深法与电剖面法于一体的直流电法勘探方法，该方法采用阵列布极方式测量，获得高密度的地下视电阻率分布数据，并配以计算机实现地质体的层析图像重建。高密度电法具有测点密度高、信息丰富、快速高效的特点，能够有效地解决复杂地电条件下的二维、三维地质问题，目前在公路工程地质勘探中应用广泛，尤其在探测断层破碎带、岩性分界、滑坡、岩溶、洞穴等方面取得了较好的效果。近年来，中交第一公路勘察设计研究院有限公司等单位将高密度电法用于路基病害探测、注浆质量检测，也取得了较好的效果。

5.4.2 高密度电法观测装置应符合下列规定：
1 装置形式应根据探测目的、场地条件选择。
2 排列长度应大于探测对象顶部埋深的 6 倍。
3 电极间距和隔离系数应根据探测对象的规模及埋深确定，最大隔离系数应满足勘探深度的要求。

条文说明

目前国内外主流的高密度电法仪器基本上涵盖了所有的观测方式，能够满足用户对观测装置选择的需求。

1 高密度电法常用的有温纳装置、三极装置、偶极装置等。本款强调实际工作中根据探测目的、场地条件，结合工程经验等确定观测装置的类型及参数。

2 根据经验高密度电法一般以 $AB/3$ 作为其半定量解释深度，目前高密度电法中使用最多的是温纳装置，有效观测范围一般为排列中部 1/3 范围，为了使有效观测范围内的异常完整，所以要求排列长度大于探测深度的 6 倍。

5.4.3 高密度电法测线布置除应符合本规程第 3.1.6 条的有关规定外，尚应符合下列规定：
1 测线方向应垂直地层或探测对象走向布置。
2 测线长度应能保证异常边界完整。

5.4.4 高密度电法数据采集应符合下列规定：
1 观测前应检查所有电极的接地情况，并确保电极接地良好，连接顺序正确。
2 宜采用双极性方波供电方式。
3 应使用极化较小的同一种电极。
4 排列两端或两排列重叠部分的观测数据应满足探测深度的要求。
5 电性条件复杂时，宜采用多种装置观测。
6 不同装置的观测数据不得互用或相互换算。

条文说明

对高密度电法数据采集说明如下：

（1）高密度电法数据采集使用双极性方波供电方式，其作用在于压制和消除测量电极之间的激发极化效应。

（2）由于同一排列不同测点自上而下采集的数据层数可能不同，如采用温纳装置的视电阻率数据断面为倒梯形，断面两侧数据呈三角形递减，探测深度也逐步减小。因此，要求同一断面两排列重叠部分的观测数据的层数满足勘探深度的要求，这一规定是保证探测效果的有效措施，在工作中需遵照执行。

（3）在三种装置中只要测出其中两种装置的数据，就可以换算出第三种装置的数据，之所以不允许用计算的方式求得第三种装置的数据，其理由是根据误差理论，不同观测装置通过相互换算取得的观测数据是不等值的。因此，规定不同装置的观测数据不得互用及相互换算。

5.4.5 高密度电法观测精度应采用均方相对误差评价，按本规程式（5.2.7-2）计算。视电阻率允许均方相对误差为 ±5%。

5.4.6 高密度电法观测数据预处理应符合下列规定：
1 在剖面曲线上逐层检查，对离差过大的观测数据应采用手动的方法予以删除。
2 对接地条件不良、地表电性不均匀以及干扰引起的局部假异常，应进行标注或选用合适的滤波窗口对原始观测数据进行滤波处理。

条文说明

高密度电法观测中，由于个别电极接地不良、地表电性不均匀和其他干扰均会引起观测数据的畸变。高密度电法大多采用计算机程序自动成图和反演，这些畸变数据如果反演前未经处理往往会引起较强的局部假异常，导致反演的电性剖面失真，解释结果错误。因此，对观测数据进行预处理是十分必要的。预处理的方法可根据数据畸变的特点合理选择，对个别离差过大的观测数据点采用手动剔除；对地表不均或其他干扰引起的假异常，建议选择合适的窗口进行滤波处理。

5.4.7 高密度电法资料解释除应符合本规程第 3.2.7 条的有关规定外，尚应符合下列规定：

1 定性解释应绘制视电阻率拟断面图，并应依据异常的分布、形态、幅值、规模等综合分析异常体的性质和规模。

2 反演计算应选择正确的参数，地形起伏较大时，宜选用具有地形校正功能的软件进行反演。

3 对同一测线多种装置的观测结果应进行对比分析，并进行综合解释。

条文说明

高密度电法资料解释过程首先采用计算机绘制视电阻率剖面图，进行定性分析，然后利用反演软件进行计算并绘制反演后的电阻率断面图，最后将电性层位与地层岩性、地质现象进行对比，建立对应关系，最终解释为地质剖面。

需要说明的是，高密度电法反演方法的研究目前已比较成熟，大多采用圆滑约束最小二乘法自动反演，反演效果达到实用水平，但有的情况下，由于观测数据离散性太大、数据质量不高及反演参数设置不合理，导致反演效果并不太理想。因此，反演时要充分研究测区物性参数和地质条件，合理设置初始参数。

另外，由于地形变化往往会引起电性剖面的畸变，甚至产生假异常。因此，当测线地形起伏较大时，要求选择具有地形校正功能的软件进行反演。

5.4.8 高密度电法图件宜包括下列内容：
1 原始观测的视电阻率拟断面图；
2 反演的电阻率断面图；
3 解释的平面图、断面图。

5.5 自然电位法

5.5.1 自然电位法可用于圈定炭质岩层的分布范围，探测浅层地下水渗流方向及环境地质调查等。

条文说明

以往自然电位法在公路工程地质勘察中应用较少，近年来部分公路勘察设计单位利用自然电位法，解决某些特定的工程地质、水文地质及环境地质问题时，取得了较好的效果。如在岩溶地区使用自然电位法区分炭质与非炭质岩层，探测地下水流向及环境地质调查等。随着对该项技术在公路工程中应用研究的深入，自然电位法的应用范围还会进一步拓展。

5.5.2 自然电位法可选用电位观测方式或梯度观测方式。游散电流较大时，宜采用梯度观测方式，复杂条件下可采用两种方式同时观测。采用梯度方式观测时，MN宜等于点距。

条文说明

电位观测方式通常是将 N 极固定安置在自然电场稳定的基点上，M 极沿测线逐点移动，观测并记录 MN 之间的电位差；梯度观测方式采用固定 MN 间距，一般等于点距，沿测线同步移动 M、N 极，观测并记录 MN 之间的电位差。电位观测方式是自然电位法的原始观测方法，通过观测研究大地中自然电流场的分布，并以此推断地质体的分布。但是，当测区及其附近存在较强的游散电流干扰时，采用电位观测方式的数据中叠加了较强的干扰异常，导致观测剖面曲线畸变。因此，在这种情况下，推荐采用梯度观测方式，不但能够有效地压制或识别游散电流干扰的影响，也可通过梯度剖面曲线的特征点推断地质体的分布特征。相比而言，电位观测方式的优点在于能够通过自然电位的幅值判断地质体的性质，而梯度观测方式的优点在于能够通过零值点、峰值点等特征点更准确地确定岩层分界特征。在复杂地质条件时，可采用电位和梯度两种观测方式观测，以提高勘探的质量和效果。

5.5.3 自然电位法测线应垂直地层走向布置，点距宜为探测对象埋深的 1/2～1/4，线距宜为点距的 2～5 倍。

5.5.4 自然电位法应采用不极化电极，每天工作前后应测量不极化电极的极差，开工前的极差应小于 2mV，收工后的极差应小于 5mV。

5.5.5 自然电位法基点设置和基点联测应符合下列规定：
1 所有基点均应设置在交通便利、远离流动水体的区域，避免设置在有工业游散电流和强电磁干扰的地段。
2 总基点应设在自然电场的背景场地段；分基点应设置在自然电场稳定的地段。
3 分基点使用前和使用结束均应与总基点联测，两次观测电位的差值不应大于 5mV。

条文说明

总基点设置在自然电场的背景场上，有利于确定大地电流场的背景值，分辨和识别异常场，并且能够确定异常的强度和幅值。按照本条规定设置的分基点不仅有利于提高工作效率，而且是保证观测数据可靠的重要环节。因此，基于保证自然电位法观测数据质量、提高自然电位法勘探效果的角度考虑，对自然电位法总基点、分基点设置和基点联测所做的规定，在工作中要求严格执行。

5.5.6 自然电位法数据采集应符合下列规定：
1 数据采集过程应关闭仪器的自然电位补偿功能。
2 接地困难时，可垂直测线方向移动电极，移动距离不得大于1/2点距。
3 游散电流干扰较大时，应选择大地电流平稳时间段观测。
4 同一条测线分段观测或更换分基点时，应在测线连接处重复2个以上的测点。
5 每隔10个测点应进行一次重复观测。

5.5.7 自然电位法观测精度应采用平均绝对误差评价，电位允许平均绝对误差为5mV，按式（5.5.7）计算：

$$\sigma = \frac{1}{2n}\sum_{i=1}^{n}|V_i - V_i'| \tag{5.5.7}$$

式中：σ——自然电位的平均绝对误差；
V_i——第i点原始观测值（mV）；
V_i'——第i点检查观测值（mV）；
n——检查点总数。

5.5.8 自然电位法数据处理应符合下列规定：
1 所有观测数据均应进行极差校正。
2 电位观测数据应进行基点改正，换算到总基点。
3 不同观测方式的观测值不得相互换算。
4 应剔除个别干扰数据。

条文说明

基于误差理论分析，电位和梯度两种观测方式的观测值经换算后并不相等。因此，本条强调不同观测方式的观测值不得相互换算。

5.5.9 自然电位法资料解释应根据异常的幅值、强度等分析异常体的性质，根据异常的分布确定异常体的平面位置及走向，根据剖面曲线的特征点估算异常体的宽度和埋深。

5.5.10 自然电位法的图件宜包括下列内容：
1 电位、电位梯度剖面曲线图；
2 电位、电位梯度平面等值线图；
3 定性或半定量解释的平面图、剖面图。

5.6 充电法

5.6.1 充电法可用于探测存在露头的低阻体的平面展布。

条文说明

由于充电法的供电电极直接连接低阻体，充电法在用于确定地下水流向、流速，探测地下金属管线的位置，确定相邻良导体的连接关系等方面具有明显的优点，是一种直接的探测方法。

5.6.2 充电法观测方式选择宜符合下列规定：
1 圈定低阻体平面位置宜采用电位法。
2 追踪地下金属管线和带状分布的低阻体宜同时采用电位法和梯度法。
3 确定地下水流向和流速时，宜采用追踪等位线法。
4 地质条件复杂时，可选用多种观测方式。

5.6.3 充电法宜采用直流电源。当工业电流干扰较大时，可选用低频交流电源，并通过现场试验确定供电频率和电流强度。

条文说明

直流电源以其仪器轻便、操作简单、安全性能高等优点在充电法工作中广泛使用，目前大多数勘察设计单位进行充电法主要采用直流电源；交流电源由于其仪器设备笨重，需要发电机及专用的调频设备，因此很少使用。但是当工业电流干扰较大，使用直流电源充电效果不佳，甚至导致无法获取有效可靠的观测数据时，可选择使用低频交流电源。

5.6.4 充电法的电极布置应符合下列规定：
1 充电电极应与探测对象连通，并保持良好接触。
2 无穷远电极 B 极应布置在探测对象走向的垂线上，距离测区的最短距离应大于测区对角线长度的 10 倍。
3 电位测量的固定 N 极应布置在 B 极的相反方向上，并处于大地电流场的稳定区域，距离测区的最短距离应大于测区对角线长度的 10 倍。
4 测量电极应使用不极化电极，两测量电极之间的接地电阻宜小于 $10k\Omega$。
5 充电电极、无穷远电极埋设地点均应专人看守，并应设立危险标志。

条文说明

充电法的优点在于直接与被探测对象连接，目标地质体明确，是一种直接有效的物探方法。充电点的位置及电极安置是否正确，直接关系到充电法工作的成败。本条对充电电极安置的规定，其目的在于确保充电点与目标地质体的有效连接；对无穷远电极的要求在于确保测量范围满足点电源场的条件；对测量固定电极 N 极的要求在于确保 N 极位于背景场上，并且基本不受供电电极的影响。上述规定在充电法工作中需严格执行。

5.6.5 充电法数据采集应符合下列规定：

1 数据观测过程应同时记录电位差和供电电流强度。

2 改变电流时，应在测线连接处重复 2 个以上的测点。

3 每隔 10 个测点应进行一次重复观测，并应在电位曲线的峰值点、梯度零值点进行重复观测。

4 重复观测点均应进行漏电检查。

5 观测期间应实测充电点平面坐标及高程。

条文说明

电位或梯度曲线的峰值点、梯度零值点等特征点是半定量解释的参考点，是分析充电电位或梯度曲线的重要特征点，对解释结果有较大的影响，重复观测的目的在于确保这些特征点的数据观测质量可靠，从而保证勘探效果。

5.6.6 充电法观测精度应采用均方相对误差评价，电位允许均方相对误差为 ±5%，按式（5.6.6）计算：

$$m = \pm \sqrt{\frac{1}{2n} \sum_{i=1}^{n} \left(\frac{V_i - V_i'}{\overline{V_i}} \right)^2} \qquad (5.6.6)$$

式中：m——电位检查的均方相对误差；

V_i——第 i 点经电流归一化后的原始观测值（mV/A）；

V_i'——第 i 点经电流归一化后的检查观测值（mV/A）；

$\overline{V_i}$——第 i 点 V_i 与 V_i' 的平均值（mV/A）；

n——检查点总数。

条文说明

对充电法观测精度规定是基于以往工程经验，并参照国内铁路、水电、地矿等相关行业标准的有关规定制定的。

5.6.7 充电法数据处理应符合下列规定：

1 所有观测数据均应采用电流强度进行归一化计算。

2 电位法和梯度法观测值不得相互换算。

5.6.8 充电法资料解释应符合下列规定：

1 资料解释前应综合分析地表介质的不均匀性及地形、岩性、地表水径流等因素对观测数据的影响。

2 应根据电位峰值点或梯度零值点确定充电点的位置，并与实测的充电点位置对比分析。

3 电位法和梯度法观测时,应绘制相应的剖面曲线图和平面等值线图。

4 定性解释应根据电位或梯度异常的分布、幅值、强度及曲线上的特征点等确定低阻体的位置。

5 岩性单一、探测对象形态规整时,可选择典型剖面进行正演。

6 采用追踪等位线法探测地下水流速及流向时,应绘制不同观测时间等电位线分布图,以此分析地下水的流向、流速。地形起伏较小时,可按式(5.6.8)计算地下水的流速:

$$V = \frac{\Delta R_i}{\Delta T_i} \tag{5.6.8}$$

式中:V——地下水的流速(m/s);

ΔR_i——等位圈位移的增量(m);

ΔT_i——与位移增量对应的时间间隔(s)。

条文说明

需要说明的是,式(5.6.8)适用地表起伏不大的情况;当地面起伏较大时,按式(5-1)对水流速度进行校正:

$$V_j = \frac{V}{\cos\phi} \tag{5-1}$$

式中:V_j——经地形校正后的地下水流速度(m/s);

V——地下水流速度(m/s);

ϕ——地形坡度(°)。

5.6.9 充电法图件宜包括下列内容:

1 充电电位、电位梯度剖面曲线图;

2 充电电位、电位梯度平面等值线图;

3 典型剖面的正演曲线及模型图;

4 定性或半定量解释平面图、剖面图。

5.7 激发极化法

5.7.1 激发极化法可用于探测地下水和炭质岩层的分布,进行环境地质调查。

条文说明

激发极化法作为一种成熟的探测金属矿体和地下水的技术,在地质矿产勘探及其他工程行业应用已十分广泛。近年来在公路工程勘察中，部分单位使用激发极化法解决与地下水有关的工程地质问题，区分岩溶与炭质岩层引起异常，进行环境地质调查的实践中，取得了较好的效果。

5.7.2 激发极化法可根据任务要求选择激发极化剖面法和激发极化测深法，其观测装置的选择原则与电测深法和电剖面法相同。

条文说明

激发极化剖面法常用的观测装置有中间梯度装置、对称四极装置、联合剖面装置、三极装置等；激发极化测深法常用的观测装置有对称四极装置、三极装置等。理论上电测深法和电剖面法的观测装置均适用于激发极化法，观测装置尺寸的选择原则也相同，区别在于观测参数有所不同，电阻率法观测的是一次电位和电流，而激发极化法观测的是供电电流和二次电位。

5.7.3 激发极化法仪器技术指标除应符合本规程第5.1.2条的有关规定外，尚应符合下列规定：
1 极化率的分辨率不低于0.01%。
2 供电、延时与积分的时间宽度可选，允许误差为1%。
3 具有测量二次电位衰变曲线的功能。

条文说明

激发极化法在工程上常用于解决与地下水有关的地质问题，需要计算半衰时、衰减度等与地下水有关的参数，这些参数均需从衰变曲线中求取。因此，本条规定激发极化法仪器具有测量二次电位衰变曲线的功能，主要是满足采用激发极化法探测地下水的需要。

5.7.4 激发极化法数据采集应符合下列规定：
1 供电导线的线架上未放完的导线应按"之"字形撒开在地面上。
2 数据采集过程不得在接收机附近使用对讲机。
3 二次场电位差 ΔV_2 应大于0.3mV；干扰强烈的地区，ΔV_2 的信噪比应大于3。
4 脉冲宽度、延迟时间、采样宽度、采样块数、叠加次数等参数应根据探测任务的需要选择，并通过试验确定。
5 探测地下水宜观测二次电位随时间衰变的曲线。
6 观测过程出现干扰数据、突变数据时，应进行多次重复观测，取其常见值作为最终观测结果。

条文说明

供电导线的线架上存在未放完的导线相当于一个带铁芯的多匝线圈，会产生很强的感应电流，感应电流与仪器发送的电流相互影响，导致观测数据失真。因此，激发极化法测量时，应将线架上剩余的导线呈"之"字形散开，不得绕圈。

激发极化法工作参数设置的正确与否直接影响数据采集质量和探测效果，本条强调脉冲宽度、延迟时间、采样宽度、采样块数、叠加次数等参数应根据探测任务的需要，并通过试验确定。在参数选择时需考虑以下因素：

(1) 脉冲宽度：时间域激发极化法供电方式有单向长脉冲和双向短脉冲两种。通常情况下，采用双向短脉冲供电方式；当探测地下水或解决某些特定的地质问题时，需要采用较长的脉冲供电方式。

(2) 延迟时间：正常情况下，二次场电位差与断电后的时间呈近于指数衰减。因此，取短延时的二次场电位差大，观测精度高，但时间域激发极化法早期信号受电磁耦合的干扰较大。为了减小电磁耦合影响，又能测得较大的极化电位差，选择延时要综合考虑上述因素的作用，以利突出异常。

(3) 采样宽度：采样宽度适当大些有利于克服高频干扰，提高观测精度，但遇有与地下水有关的地质问题，需要研究地下介质的放电特性时，采样宽度需窄些。

(4) 采样块数：测量极化率时采样块数可适当少些；寻找地下水等需要研究衰减曲线时，采样块数可多些。

(5) 叠加次数：增加叠加次数可以提高观测精度和抗干扰能力，但生产效率低。通常是在保证观测精度的前提下，选择合适的叠加次数。

5.7.5 激发极化法观测精度应分别计算视电阻率和视极化率的观测误差，并按下列方法评价：

1 视极化率允许均方相对误差为 ±5%，按式 (5.7.5-1) 计算：

$$m = \pm \sqrt{\frac{1}{2n}\sum_{i=1}^{n}\left(\frac{\eta_{si} - \eta'_{si}}{\overline{\eta}_{si}}\right)^2} \quad (5.7.5\text{-}1)$$

式中：m——视极化率的均方相对误差；

η_{si}——第 i 点原始观测视极化率值；

η'_{si}——第 i 点检查观测视极化率值；

$\overline{\eta}_{si}$——第 i 点 η_{si} 与 η'_{si} 的平均值；

n——检查的总测点数。

2 视电阻率允许均方相对误差为 ±7%，按式 (5.7.5-2) 计算：

$$m = \pm \sqrt{\frac{1}{2n}\sum_{i=1}^{n}\left(\frac{\rho_{si} - \rho'_{si}}{\overline{\rho}_{si}}\right)^2} \quad (5.7.5\text{-}2)$$

式中：m——视电阻率的均方相对误差；

ρ_{si}——第 i 点原始观测视电阻率值（Ω·m）；

ρ'_{si}——第 i 点检查观测视电阻率值（Ω·m）；

$\bar{\rho}_{si}$——第 i 点 ρ_{si} 与 ρ'_{si} 的平均值；

n——检查的总测点数。

条文说明

《时间域激发极化法技术规程》（DZ/T 0070—2016）要求，A 级精度要求视极化率允许均方相对误差为 ±4%，视电阻率允许均方相对误差为 ±7%；《铁路工程物理勘探规范》（TB 10012—2010）要求，视极化率允许均方相对误差为 ±10%；《水利水电工程物探规程》（SL 326—2005）要求，视极化率允许均方相对误差为 ±5%。激发极化法通常要求同时采集视极化率、视电阻率参数，探测地下水时还需要观测衰减曲线求取半衰时、衰减度等参数进行综合分析。因此，本条规定是根据当前公路工程物探的技术现状，参照上述相关行业标准制定的。

5.7.6 激发极化法资料解释除应符合本规程第 3.2.7 条的有关规定外，尚应符合下列规定：

1 激发极化法剖面法资料解释应根据曲线的特征确定异常体的性质、位置、估算其顶部埋深及产状等。

2 激发极化法测深法资料解释应根据电阻率和极化率测深曲线的特征，综合确定探测对象的性质、埋深及厚度。

3 当解决与地下水有关的地质问题时，应利用视极化率、视电阻率、半衰时、衰减度等多参数综合解释。

条文说明

激发极化效应的机理比较复杂，尚无成熟实用的定量解释方法，目前资料解释大多以定性为主，主要通过分析地下介质的激发极化效应的特点、异常强度、幅值、规模及特征点推断异常体的性质、规模及分布。

5.7.7 激发极化法图件宜包括下列内容：

1 视电阻率、视极化率剖面曲线图；

2 视电阻率、视极化率平面等值线图；

3 视电阻率、视极化率测深曲线图；

4 视电阻率、视极化率拟断面图；

5 视电阻率、视极化率等深度平面等值线图；

6 各参数解释的平面图、剖面图。

6 电磁法勘探

6.1 一般规定

6.1.1 电磁法适用于探测相邻介质之间电性存在差异的地质体的分布、埋深及规模。根据工作条件可选用地质雷达法、瞬变电磁法、可控源音频大地电磁法、天然场源音频大地电磁法、电磁波透射法等。

条文说明

电磁法研究的是电磁感应、电磁场的分布特征和电磁波的传播规律。近年来电磁法在公路、铁路、水电等行业的工程地质勘探、隧道超前地质预报和工程质量无损检测中发挥了重要的作用。本条规定了公路工程建设中常用的几种电磁法勘探方法，包括地质雷达法、瞬变电磁法、可控源音频大地电磁法、天然场源音频大地电磁法和电磁波透射法。电磁法方法众多，但电磁剖面、甚低频、核磁共振等方法在公路工程中应用较少，因此本次修订暂未编入，实际工作中可在方法有效性试验的基础上选用。

6.1.2 电磁法仪器应按说明书的要求进行校验和标定。

条文说明

电磁法仪器属精密仪器，接收部分常常会受外部条件的影响产生变化，尤其是磁探头、天线等随时间、温度、气压等条件的改变，其性能指标也会产生一定的变化。不同类型的仪器，其影响程度有所差异，对校验方法、标定的参数要求也不同，国内外尚无统一的行业标准。因此，本条强调应根据仪器说明书要求进行校验和标定。

6.1.3 同一工点采用两台或两台以上的仪器接收时，应进行仪器一致性测量。地质雷达仪器一致性测量的波形应一致，其他仪器一致性测量允许均方相对误差应为观测精度的1/2。

条文说明

采用地质雷达仪器观测的是电磁波的波形，仪器一致性测量时只要求两台仪器的波形特征一致即可；瞬变电磁法、大地电磁法等方法观测的电磁波的场值强度及相位差异，可以用数值进行量化。因此，本条对除地质雷达仪器之外的其他电磁法仪器的一致性测量误差做出了不超过要求观测精度的1/2的规定。

6.1.4 电磁法的导线布设宜避开工厂、矿山、通信基站、电气铁路、变电站、广播电台、高压电力线、地下金属管线等电磁干扰源，无法避开时宜垂直通过。

6.2 地质雷达法

6.2.1 地质雷达法可用于探测工程场地的地层岩性变化、岩溶分布，进行隧道超前地质预报和工程质量无损检测等。

条文说明

地质雷达法研究的是电磁波的反射波或透射波传播特征。目前地质雷达仪器都配置了多种天线，天线的中心频率介于10~2 000MHz，探测深度一般在0~30m范围内，理论上可分辨厚度大于探测天线有效波长的1/4、宽度大于探测天线有效第一菲涅尔带半径的地质体。由于地质雷达仪器向地下发射的是短脉冲高频电磁波信号，其探测能力和分辨率优于其他电磁法，因此，地质雷达法广泛应用于工程地质勘察、工程质量无损检测和隧道超前地质预报。

6.2.2 仪器主要技术指标应符合下列规定：
1 天线的中心频率范围宜为10~2 000MHz，天线频率序列可选。
2 信噪比大于60dB。
3 模/数转换位数不小于16位。
4 采样间隔不大于0.5ns。
5 扫描速率不低于128次/s。
6 工作环境温度-10~50℃。
7 具有实时监测显示功能。

6.2.3 地质雷达法试验工作应包括下列内容：
1 测量测区内干扰信号的分布、强度；
2 选择测量方式和工作参数；
3 依据探测对象的埋深、厚度及宽度，估算所使用的天线的频率范围，并通过试验确定所采用的天线；
4 初步建立各电性反射层位与地质层位的对应关系。

条文说明

地质雷达法的探测深度与所采用的天线频率呈负相关,分辨率则与天线频率正相关,天线频率越低,则探测深度越大,分辨率越低。本条强调天线频率的选择应通过试验确定,其目的在于同时满足探测深度和分辨率要求,确保探测效果。

6.2.4 地质雷达法测线、测网布置除应符合本规程第 3.1.5 条的有关规定外,用于隧道超前地质预报和工程质量无损检测时,尚应结合场地环境及被检测对象的工程结构合理布置。

6.2.5 地质雷达法工作参数选择应符合下列规定:

1 天线中心频率宜按式(6.2.5-1)选定:

$$f = \frac{150}{x\sqrt{\varepsilon_r}} \tag{6.2.5-1}$$

式中:f——天线中心频率(MHz);
x——要求的空间分辨率(m);
ε_r——介质的相对介电常数。

2 时窗宽度宜按式(6.2.5-2)选定:

$$w = 1.3 \times \frac{2h_{max}}{v} \tag{6.2.5-2}$$

式中:w——时窗宽度(ns);
h_{max}——最大探测深度(m);
v——地层电磁波速度(m/ns)。

3 采样率宜为天线中心频率的 6 倍或更高,并满足奈奎斯特(Nyquist)采样定律。

4 测点间距不应大于按式(6.2.5-3)得到的计算值:

$$n_x = \frac{75}{f\sqrt{\varepsilon_r}} \tag{6.2.5-3}$$

式中:n_x——测点间距(m)。

5 天线间距宜按式(6.2.5-4)计算:

$$s = \frac{2h_{max}}{\sqrt{\varepsilon_r}} \tag{6.2.5-4}$$

式中:s——接收与发射天线的间距(m)。

6.2.6 地质雷达法数据采集应符合下列规定:

1 测量方式应根据施测条件确定。
2 观测前应移除或避开测线附近的金属物,电磁干扰较强的工点应使用屏蔽天线。
3 在满足探测深度的前提下,宜选用频率较高的天线,单一天线不能完全达到探测目的时，应选用两个或两个以上频率的天线观测。

  4 连续测量时应匀速移动天线，移动速度应与仪器的扫描速度相匹配。

  5 使用测量轮标注距离时宜每50m校对一次。

  6 观测过程应对干扰点位置进行标注。

条文说明

  目前国内外主流的地质雷达仪器100MHz及以上的高频天线一般为屏蔽天线，低于100MHz天线大多为非屏蔽天线。由于屏蔽天线能够较好地减小来自旁侧及上部的干扰电磁波，因此，本条规定在电磁干扰较强的工点使用屏蔽天线，以提高地质雷达观测质量。

6.2.7 地质雷达法观测质量评价应符合下列规定：

  1 检查观测与原始观测的波形的频率特性应一致。

  2 异常形态应相近且无明显的位移。

条文说明

  地质雷达法的观测结果是由时间剖面构成的反射波或透射波的图像，不能进行具体的误差数值计算。因此，地质雷达的观测质量主要是从波形的一致性、波组异常位置的相近性方面进行评价。

6.2.8 地质雷达法数据处理应符合下列规定：

  1 数据处理流程应通过试算验证确定。

  2 应采用频率滤波、空间滤波等手段压制干扰波，突出有效反射波。

  3 无相同倾斜电性界面存在时，宜采用$f\text{-}k$倾角滤波消除倾斜层的干扰波。

  4 宜采用反射回波的幅度变换技术增强雷达图像。

条文说明

  地质雷达法的数据处理方法一般包括删除无用道、增益调整、地形校正、频率滤波、$f\text{-}k$倾角滤波、反褶积、偏移、空间滤波等。地质雷达法数据处理的目的在于压制干扰波，突出有效反射波，增强雷达图像。数据处理一般按下列流程进行：

  （1）删除无用道并进行地形校正。

  （2）使用频率滤波，压制或消除某一频段的干扰波。

  （3）当确定无同样倾角的有效层状反射波时，采用$f\text{-}k$倾角滤波除去倾斜层状的干扰波。

  （4）用反褶积法压制多次反射波。需要说明的是，当反射信号弱、数据信噪比较低时不推荐进行反褶积。

(5) 采用时间偏移或深度偏移处理方法将倾斜层反射波界面归位,将绕射波收敛。
(6) 上述方法处理完成后选用空间滤波,使异常具有更好的连续性或独立性。
(7) 识别同相轴,划分波组。

6.2.9 地质雷达法资料解释应符合下列规定:
1 定性解释应根据波形频谱特征及能量强度推断异常体的性质,并利用时间剖面波形图上的同相轴追踪层位、划分波组。
2 定量解释应根据电磁波的传播路径和传播时间计算异常体的埋深,并结合地质条件、介电特性及干扰情况综合分析。
3 建立波组与地层岩性、地质体的对应关系,在深度剖面波形图中应标注反映探测对象的层位或波组。

6.2.10 地质雷达法图件宜包括下列内容:
1 时间剖面波形图;
2 深度剖面波形图;
3 解释的剖面图、平面图。

6.3 瞬变电磁法

6.3.1 瞬变电磁法可用于探测断层、岩溶、采空区等低阻体位置及规模,探测地下水的分布及埋深。

条文说明

瞬变电磁法是利用不接地回线或接地线源向地下发射一次脉冲磁场,在一次脉冲磁场间歇期间利用线圈或接地电极接收地下介质中引起的二次感应涡流场,从而研究地下介质电阻率分布的一种方法。其基本工作方法是:于地面或空中设置发射线圈,通以一定波形的电流,从而在其周围空间产生一次电磁场,并在地下低阻体中产生感应电流,断电后,感应电流由于热损耗而随时间衰减。衰减过程分为早、中和晚期。早期的电磁场相当于频率域中的高频成分,衰减快,趋肤深度小,而晚期成分则相当于频率域中的低频成分,衰减慢,趋肤深度大。通过测量断电后各个时间段的二次场随时间的变化规律,可得到不同深度的电性特征,从而实现探测地下低阻体的目的。

瞬变电磁法研究的是感应电磁波的分布和传播规律,人工激励的电磁波在地下传播时遇低阻岩层,能产生较强的感应电磁场。因此,瞬变电磁法对低阻体的探测能力更强。

瞬变电磁法按激励场源的不同可分为电偶源和磁偶源,电偶源在俄罗斯等国应用较多,国内应用较少,研究程度较低,公路工程勘察中尚未应用。因此,本节规定的内容适用于以磁偶源作为激励场源的瞬变电磁法。磁偶源瞬变电磁法采用不接地线圈供电作为激励场源，无须接地，尤其适用于戈壁沙漠、基岩裸露等接地条件较差的地区。

6.3.2 瞬变电磁法仪器的主要技术指标应符合下列规定：
1 发射的波形稳定，关断斜坡线性良好，能给出关断时间。
2 发射脉冲宽度、采样延时可选。
3 发射与接收的同步性能良好。
4 测量道数不少于16道。
5 动态范围不小于140dB。
6 对工频抑制不小于60dB。
7 测量通道分辨率不低于0.5μV。
8 等效输入噪声不大于1μV。

6.3.3 瞬变电磁法试验工作应包括下列内容：
1 检验仪器的工作性能；
2 了解测区的电磁干扰特征及干扰电平；
3 了解探测对象的异常特征，包括异常的强度及时间特性；
4 选择供电脉冲频率、宽度、强度和观测时窗、叠加次数等工作参数。

条文说明

瞬变电磁法的晚期道信号强度较低，易受测点附近电磁干扰的影响，为了保证晚期道的观测精度和探测效果，要求在试验工作期间了解测区的干扰特征，实测干扰信号的强度和特征，通过采取压制干扰信号或增大发射磁矩等措施，确保观测曲线晚期信号的可靠有效。

6.3.4 瞬变电磁法应根据勘探深度要求，结合现场地形、地质及物性条件选择观测装置及装置尺寸，并应通过现场试验确定。

条文说明

瞬变电磁法的观测装置与勘探深度和分辨率密切相关，直接影响探测效果。公路工程中常用的观测装置有重叠回线、中心回线和大定源回线装置，偶极装置应用较少。重叠回线装置和中心回线的发射线框边长一般为探测目标最大埋深的0.5~1.0倍；大定源回线装置的发射线框边长视勘探深度要求，一般在100m×200m~300m×600m范围内选择。

6.3.5 瞬变电磁法的发射站及接收站布置应符合下列规定：
1 发射站和接收站均不得布置在高压线下方。

2 发射站应布置在发射线框导线附近，以便于与接收站联络。
3 接收站应避开强电磁干扰源、强磁场及金属物分布的区域。
4 发射和接收线框应保证导线和导线接头处绝缘性能良好。

6.3.6 瞬变电磁法数据采集应符合下列规定：
1 发射和接收线框应避开高压线、铁路、地下管线布置，线框边长允许相对误差为±5%，方向允许偏差为±1°，剩余导线应呈"之"字形散开。
2 发射和接收线框导线应连接良好、不漏电，绝缘电阻应大于2MΩ/km。
3 数据观测时应采用多次叠加，观测值信噪比不应小于3。
4 重要异常点应重复观测，重复观测允许的相对误差为10%。
5 曲线出现畸变时应重复观测，并查明原因，仍不能消除畸变时应移动点位重新观测，并作详细记录。

条文说明

瞬变电磁法观测的是二次感应电场的强度，晚期道信号比较微弱，采用多次叠加可有效压制随机干扰的影响，提高观测精度。基于误差理论，通常情况下，当信噪比小于3时，观测信号的质量就难以保证。

曲线畸变是指出现不符合衰减规律的现象。通常由于仪器原因、装置漏电或电磁干扰等因素引起的异常，与低阻体引起的异常有明显的区别。当曲线衰减明显变慢甚至尾支上翘或局部跳跃时，说明有干扰或异常存在，可采用增加叠加次数、加大延迟时间等方法重新观测、查明原因，仍不能查明原因时移动点位重新观测。当出现短时间干扰时，可暂停观测，待干扰消失后再测。

6.3.7 瞬变电磁法观测质量评价应符合下列规定：
1 单个测点的检查观测与原始观测曲线的形态应相似，特征一致，观测误差按本规程式（5.2.7-2）计算，视电阻率允许均方相对误差为±10%。
2 全区观测误差应按本规程式（5.2.7-3）计算，视电阻率允许平均均方相对误差为±10%。

条文说明

瞬变电磁法观测质量评价方法沿用了《公路工程物探规程》（JTG/T C22—2009）的规定，该规定与目前的仪器设备、技术水平和公路行业瞬变电磁法应用现状相适应。

6.3.8 瞬变电磁法数据处理应符合下列规定：
1 观测电位值均应经电流强度归一化计算，并以此计算视电阻率、视深度、视时间常数、视纵向电导等参数。

2 关断电流影响较大时，应对观测值进行校正。

3 干扰较大时，宜对观测数据进行圆滑或滤波处理。

6.3.9 瞬变电磁法资料解释应符合下列规定：

1 定性解释应根据视电阻率、视纵向电导等参数的曲线特征、异常形态及分布特征，分析地层的产状和构造形态，推断异常体的性质和位置。

2 定量解释应根据解释需要选用一维、二维反演，计算各电性层的电阻率、厚度和埋深。

3 应建立电性层与地质层的对应关系，将电性剖面图、平面图解释为地质剖面图、平面图。

条文说明

目前瞬变电磁法资料定量解释中经常采用一维、二维反演，反演的初始模型一般通过下列方法建立：

（1）收集已有的地质、钻探、电测井及电性参数资料；

（2）用直流电法在测区代表性地段做少量电测深点，以这些测点的电测深分层电阻率及厚度作为初始模型。

6.3.10 瞬变电磁法图件宜包括下列内容：

1 典型的时间曲线图；

2 视电阻率剖面曲线图；

3 视电阻率或视纵向电导拟断面图；

4 视电阻率等深度平面图；

5 反演的测深曲线及模型图、电阻率拟断面图；

6 解释的剖面图、平面图。

6.4 可控源音频大地电磁法

6.4.1 可控源音频大地电磁法可用于深埋隧道等深部工程场地勘探，探测岩性变化，断层、破碎带及岩溶位置及规模。

条文说明

可控源音频大地电磁法的主要特点是用人工控制的交变电流场源进行频率测深。采用人工场源可以克服天然场源信号微弱的缺点，提高信噪比，在公路工程中主要用于埋深较大的隧道、特大桥梁及特殊结构桥梁等深部工程地质勘探，探测其地层岩性变化、隐伏构造、岩溶及地下水富集区等，探测深度一般可达1 000m以上。

可控源音频大地电磁法按发射场源的不同分为磁偶源和电偶源。磁偶源是在不接地回线中供以不同频率的电流产生相应的电磁场，电磁场随距离衰减较快，探测深度较小，主要用于解决水文、工程、环境调查中的浅埋工程地质问题；电偶源是通过有限长偶极矩的电偶极源向地下供以不同频率的音频电流，产生相应的电磁场。电偶源视发射功率的不同，收发距可达几千米至十几千米，探测深度较大，广泛用于公路、铁路、水电等领域的工程地质勘探及油气构造、煤田、固体矿产勘探以及地热资源、水文调查等。由于磁偶源可控源音频大地电磁法国内应用很少，公路行业尚未进行相关的应用和研究，本次修订尚未涉及与磁偶源有关的内容。

6.4.2 可控源音频大地电磁法仪器主要技术指标应符合下列规定：
1 输入阻抗大于 $10M\Omega$。
2 动态范围不小于 120dB。
3 对 50Hz 工频抑制不小于 60dB。
4 电通道电压分辨率不低于 $0.1\mu V$。
5 工作频率范围 $0.1\sim 10kHz$。
6 采样频点可内插。
7 发射机的最大输出电压不低于 1 000V，最大电流不小于 10A。
8 磁探头的通频带灵敏度不低于 100mV/nT，噪声水平小于 1 200fT。
9 接收与发射宜具有 GPS 同步功能。

6.4.3 可控源音频大地电磁法试验工作应包括下列内容：
1 检查仪器设备的工作性能；
2 测量测区噪声水平，查明电磁干扰源及干扰特征；
3 确定观测装置尺寸，如收发距、供电偶极和测量电偶极的间距；
4 选择采样频点、供电电流强度、增益、叠加次数等工作参数。

6.4.4 可控源音频大地电磁法的测线、测网布置除应符合本规程第 3.1.5 条的有关规定外，尚应布置在发射场源的远区场内，并宜避开干扰源。

条文说明

电磁场远区的界定除与装置类型、收发距有关外，还与测区的地电条件有关，高阻地层的远区距发射场源的距离要大于低阻地层，一般情况下，将收发距大于最大要求探测深度 5 倍的区域视为远区。

基于电磁波的传播理论研究，在远区传播电磁波可近似看作平面波，可用平面波传播理论计算视电阻率。在过渡场区和近场区，由于非平面波效应会导致视电阻率测深曲线畸变，目前的理论研究和近场校正技术还无法完全消除复杂地电条件下的近场效应影响。因此，本条强调测线、测网要布置在电磁波传播的远区场范围内，以减小近场效应。

影响大地电磁法的干扰源主要有高压线、电气化铁路、地下管线等，一般而言，高压线、电气化铁路附近分布有较强的电磁场，对电磁法的观测造成影响，甚至导致仪器无法正常工作。因此，布置物探测线时，宜避开强电磁干扰源，无法避开时，宜以最短距离垂直通过。

6.4.5 可控源音频大地电磁法的发射场源布置应符合下列规定：
1 发射场源的位置可在一定范围内选择交通便利、地形平坦的场地进行布置。
2 供电偶极应平行测线方向布置，偶极距的长度允许误差为5%，方向允许偏差为±10°。
3 场源宜避开河流、湖泊以及与之平行的断裂构造、电气化铁路等。
4 供电电极应埋设在潮湿的土壤中，A、B极之间的接地电阻宜小于100Ω。
5 供电点应设明显标志，并应安排专人看护。

6.4.6 可控源音频大地电磁法的观测方式选择应符合下列规定：
1 探测一维层状地层或走向已知的二维地质体时，宜采用标量观测方式，观测参量为E_x、H_y或E_y、H_x。
2 地质条件复杂或需要提供地下二维、三维构造信息时，宜采用矢量观测方式，观测参量为E_x、E_y、H_x、H_y或E_x、E_y、H_x、H_y、H_z。
3 存在电性各向异性的工点或任务有特殊要求时，宜采用张量观测方式，即使用2个场源，观测10个分量E_{x1}、E_{x2}、E_{y1}、E_{y2}、H_{x1}、H_{x2}、H_{y1}、H_{y2}、H_{z1}、H_{z2}。

条文说明

可控源音频大地电磁法的观测方式分为标量、矢量和张量三种。选择观测方式时需要根据探测目的和适用条件，结合工作效率、施工条件和勘探成本等因素综合确定。公路工程为带状工程，往往需要探测岩性变化及断裂构造，地层结构可近似看作一维或二维，实际工作中选用标量观测方式即可满足要求。遇到地质条件复杂、各向异性问题突出或有专门要求时，要选用矢量、张量观测方式。

6.4.7 可控源音频大地电磁法的观测装置布置应符合下列规定：
1 接收装置应布置在电磁场的远区，收发距应大于5倍最大探测深度。
2 测量范围应根据观测装置确定，如赤道装置标量E_x、H_y观测方式的测量应在AB垂直平分线两侧30°角扇形范围内。
3 测量电场分量E_x的偶极子应沿测线布置，测量E_y的偶极子应垂直测线布置，电极布置的方位允许偏差为±2°，距离允许误差为±2%。在保证观测信号可靠的情况下，测量电场的偶极距宜选较小者。
4 测量水平分量H_x、H_y的磁探头应与对应的电偶极垂直布置并保持水平，方位允许误差 2°；测量垂直磁分量 H_z 的磁探头应保持铅垂，入土深度应大于磁探头长度的 2/3，距离接收机应大于 10m。

5 矢量、张量等多分量观测时，磁探头应相互垂直，避开电极和电缆，并布置在不同象限内，距接收机的距离应大于 10m；测量电极的连线、磁探头的连接电缆均不得悬空、绕圈和平行放置，以避免电磁感应干扰。

6 在地质条件简单、磁场平稳的工点，多道电通道可共用一个磁探头。

条文说明

收发距的含义是指发射偶极中心到测线的垂直距离，收发距大小需要根据探测任务要求的最大深度确定，在近场区和过渡区内，由于人工场源产生的电磁波都不具备平面波的特征，场源对电磁法测量结果影响非常明显，会导致测深曲线畸变。根据电磁波理论计算及工作实践经验，收发距大于 5 倍的探测深度区域可视为远区。

6.4.8 可控源音频大地电磁法的最低工作频率应根据任务要求的最大探测深度确定，可按式（6.4.8）估算最低工作频率：

$$f_1 = \left(\frac{356}{h_{max}}\right)^2 \rho \tag{6.4.8}$$

式中：f_1——最低的工作频率（Hz）；
　　　h_{max}——最大探测深度（m）；
　　　ρ——拟探测深度范围地层的电阻率（Ω·m）。

6.4.9 可控源音频大地电磁法数据采集应符合下列规定：

1 观测前应检查电极和磁探头的布置及电通道、磁通道的连线是否正确。

2 测量电极应使用不极化电极，极差应小于 2mV。电极之间接地电阻宜小于 5kΩ，基岩裸露的测点不得大于 10kΩ。

3 发射机最大供电电压和电流不应超过额定值的 80%。

4 存在工频干扰时，宜选取陷波滤波器抑制噪声，并选择在干扰较小的时段观测。

5 应选择较低的频点进行信号测试，设置工作频率、叠加次数等参数。

6 从高频至低频依次测量，测量的最低频率应比预估的最低频率低 1~3 个频点。

7 磁探头不得安置在高压线下方，观测时人员和车辆应远离磁探头，磁探头附近不得使用无线电通信工具。

8 数据质量较差时，应采用加大供电电流、增加叠加次数等措施提高观测质量。

9 记录道反向、饱和、严重干扰等应重复观测。

10 观测曲线上的畸变点应进行重复观测，重复观测相对误差的限差为 10%。

11 同一测线不同发射场源的重叠段不应少于 2 个测点，重叠点两次观测应曲线形态相似、幅值接近、特征点位置一致，否则应调整场源重新观测。

12 接收机操作员应及时记录测点地形、地物、地质特征及干扰情况；发射机操作员应及时记录各频点发射的电流和时间。

条文说明

本条规定借鉴了国内铁路、地矿等行业标准，结合近年来公路工程物探的应用实践和工程经验，并在方法试验的基础上总结而成，是可控源音频大地电磁法数据采集的基本要求，是保证测量数据可靠的有效措施，工作中需严格执行。

目前可控源音频大地电磁法数据采集按场源的发射方式分为两种：一是由人工控制，依据项目要求的频点由高到低逐点逐次发射和接收；另一种是利用GPS同步，接收机依据事先设计的频点由高到低采集数据。

从满足探测深度、保证测深曲线完整和提高探测效果的角度考虑，本条规定现场测量的最低频率应比预估的最低频率低1~3个频点。

6.4.10 可控源音频大地电磁法观测质量评价应符合下列规定：
1 原始观测曲线的频点应完整，畸变点应进行重复观测。
2 检查观测与原始观测的视电阻率曲线形态应相似、对应频点的数值应接近、畸变频点数不应超过总频点数的10%，且无连续3个以上的畸变点。
3 观测误差应按本规程式（5.7.5-2）计算，视电阻率允许均方相对误差为±10%。

条文说明

本条规定是基于当前公路系统仪器现状、技术水平，结合近年来公路工程地质勘探的实践经验，借鉴了铁路、水电、石油、矿产等行业的有关标准，在进一步试验验证的基础上制定的。

6.4.11 可控源音频大地电磁法数据处理应符合下列规定：
1 逐点剔除测深曲线中离差过大、明显畸变的数据，同一条测深曲线剔除的点数不得超过总频点数的10%。
2 测深曲线畸变时，应参考相邻测点予以校正。
3 存在近场源影响时，应进行近场校正。
4 测深曲线应进行静态校正，当地表电性极不均匀、地形起伏大，静态位移严重时，应采用两种或两种以上的方法进行校正。
5 地形起伏较大时，应进行地形校正。

条文说明

1 可控源音频大地电磁法测深曲线由于受干扰因素影响或地电条件导致观测信号较弱，曲线上有时会出现离差过大、明显畸变的观测数据，这些数据明显不符合电磁波的传播规律，可能会影响解释结果。因此，需对这些数据予以剔除，处理方法可采用圆滑处理或手动剔除。

2 近场校正的目的在于消除或压制近场效应的影响，可控源音频大地电磁法勘探中电磁波的非平面波特性决定了处理资料时的复杂性。当收发距是探测深度的 3~5 倍以上时，高频非平面波可以近似地看作平面波，低频时则会出现电阻率随频率降低而在双对数坐标图上呈 45°上升的近场效应。因此需要做近场校正，校正后的数据可近似看作平面波产生的结果，其中包含了深部有用的信息。如不作平面波校正的反演，其有效数据只能取远区场的值，而对于近场甚至过渡场的资料都要摒弃不用，这将造成较大的浪费，并且影响探测的深度。

近场校正往往比较复杂。Pargha S. Routh et. al. 尝试了在一维空间用不做平面波校正的全域资料来做可控源音频大地电磁法反演。全域资料反演需要电磁法的正演解，当介质为水平成层介质时有积分解，这方面的反演容易实现，但当电性结构复杂时，就没有解析解。因此其反演问题也就更加复杂。大多数的电磁法反演都为线性反演，最小二乘解法是最传统的，也是行之有效的方法。一维可控源音频大地电磁法反演可以精确地模拟电磁场，但它只限于简单的水平层状模型。

6.4.12 可控源音频大地电磁法资料解释除应符合本规程第 3.2.7 条的有关规定外，尚应符合下列规定：

1 定性解释应包括下列内容：
1）根据视电阻率、阻抗相位曲线的类型及特征，了解测区电性层的结构；
2）根据电性层在平面和垂向上的分布特征，大致圈定异常体的位置及展布范围；
3）定性分析电性层与地质层位的关系，建立初步的地电模型。

2 定量解释应包括下列内容：
1）选择典型的、有代表性的测深曲线进行一维反演，初步确定电性分层特征；
2）利用钻探、测井、原位测试及已知的电性参数等资料作为约束条件，进行二维反演，计算各电性体的电阻率、厚度和埋深。

3 根据电性体与地质体的对应关系，将反演的电性剖面图、平面图解释为地质剖面图、平面图。

6.4.13 可控源音频大地电磁法图件宜包括下列内容：

1 测深曲线类型图；
2 视电阻率和阻抗相位拟断面图；
3 解释的平面图、剖面图；
4 探测任务要求的其他图件，如视电阻率和阻抗相位等深度平面图、各向异性系数平面图等。

6.5 天然场源音频大地电磁法

6.5.1 天然场源音频大地电磁法可用于电磁干扰较小、地形复杂的工程场地，探测地层岩性变化、断层破碎带、岩溶等。

条文说明

天然场源音频大地电磁法是依据不同频率的电磁波在地下介质中具有不同趋肤深度的原理，通过在地表由高频至低频依次测量大地的电磁响应序列，观测天然变化的电场、磁场分量，将电磁场信号转换成视电阻率曲线和相位曲线，然后通过反演求得地下各岩层的电阻率和厚度值。与可控源音频大地电磁法相比受地形影响更小、观测装置布置和施测对地形要求不高，仪器轻便，效率高、频点多等，更适合解决复杂地形条件下的工程地质问题，缺点是信号较弱，更易受外界电磁信号干扰的影响。近年来，该方法在公路勘察中应用日趋广泛，尤其在地形复杂、埋深较大的隧道勘察中发挥了较好的作用。

6.5.2 天然场源音频大地电磁法仪器主要技术指标应符合下列规定：
1. 工作频率范围为 1~100kHz。
2. 各通道一致性良好。
3. 输入阻抗大于 10MΩ。
4. 动态范围不低于 120dB。
5. 极化补偿不小于 2V。
6. 工频抑制不低于 60dB。
7. 电压测量的分辨率不低于 0.05μV。
8. 不极化电极极差不大于 2mV，同一电极昼夜极差变化不大于 0.1mV。

6.5.3 天然场源音频大地电磁法试验工作应包括下列内容：
1. 检验仪器的工作性能；
2. 标定磁探头；
3. 测量噪声水平；
4. 选择观测方式及电偶极矩；
5. 选取观测频率的范围、频点、叠加次数、增益等工作参数。

6.5.4 天然场源音频大地电磁法的测线布置除应符合本规程第 3.1.5 条的有关规定外，尚应远离电磁干扰源。

6.5.5 天然场源音频大地电磁法宜选择矢量观测方式，观测电场分量 E_x、E_y 和磁场分量 H_x、H_y、H_z。地质条件简单时，可选择标量观测方式，观测 E_x、H_y 分量。

条文说明

根据使用的仪器不同，测量的电场分量和磁场分量略有差异。目前公路系统使用的大地电磁法仪器主要仪器为美国研制的 EH4、GDP 系列和加拿大研制的 V8 网络型多功能电法仪。EH4 可同时记录 E_x、E_y 等 2 个电场分量和 H_x、H_y 等 2 个磁场分量，GDP 和 V8 可同时测量 E_x、E_y 等 2 个电场分量和 H_x、H_y、H_z 等 3 个磁场分量，工作中可根据探测任务要求，结合场地条件选择仪器、观测方式和测量的参数，地质条件简单时可选择标量观测方式，测量 E_x、H_y。

6.5.6 天然场源音频大地电磁法观测装置布置应符合下列规定：
1 测量电极与水平方向的磁探头应相互垂直，宜布置成"十"字形；地形起伏较大时，可布置成"T"形或"L"形。
2 测量电极、磁探头及连接线等布置应符合本规程第 6.4.7 条的有关规定。

6.5.7 天然场源音频大地电磁法数据采集应符合本规程第 6.4.9 条的有关规定。

6.5.8 天然场源音频大地电磁法的质量评价应符合下列规定：
1 检查观测与原始观测的视电阻率和相位曲线形态应相似、幅值接近、无连续 3 个以上的畸变点。
2 观测误差应按本规程式（5.7.5-2）计算，视电阻率允许均方相对误差为 ±15%。

6.5.9 天然场源音频大地电磁法数据处理除应符合本规程第 6.4.11 条的有关规定外，尚应进行主轴判别，计算主轴方向和 TE/TM 模式的视电阻率和阻抗相位。

条文说明

根据测量电极 MN 和测线方向相对于地质构造走向的关系，大地电磁法有 TE 和 TM 两种测量模式，TM 模式指测量电极 MN 和测线方向垂直于地质构造走向，TM 模式横向分辨能力较强，观测的电场受静态影响、地形影响较严重；TE 模式指接收电极 MN 和测线方向平行于地质构造走向，TE 模式垂向分辨能力较强，观测的电场受静态影响、地形影响相对较小。因此，本条强调天然场源音频大地电磁法数据处理时，要充分利用 TM 和 TE 模式测量结果，计算 TE/TM 模式的视电阻率和相位，以便进一步定性分析和定量解释。

6.5.10 天然场源音频大地电磁法资料解释应符合本规程第6.4.12条的有关规定。

6.5.11 天然场源音频大地电磁法的图件应符合本规程第6.4.13条的规定。

6.6 电磁波透射法

6.6.1 电磁波透射法可用于探测透射断面之间低阻体的位置和形态。

条文说明

  电磁波透射法是利用探测对象与周围介质之间的电性差异来确定透射断面之间岩溶、断层等地质体的位置、形态及物性参数的一种物探方法。所用的频率一般介于0.1~100MHz。

  该方法最初的设想是由苏联科学院院士彼得罗夫斯基在20世纪20年代提出的，开始称为阴影法，意即利用良导体对电磁波的强烈吸收造成的阴影来寻找井间或坑道间的低阻体。后来又称为电磁波透射法。

  70年代中期，美国已故测井专家R.J.Lytle等人率先把层析成像技术应用于钻孔电磁波法的数据处理，推动了全球电磁波CT的研究和应用，也进一步促进了钻孔电磁波透射法的推广和提高。

  80年代后期，美国劳伦斯利物莫尔国家实验室等联合开发了音频电磁波数据采集系统和层析软件，这一突破性进展预示着电磁波透射法在工程中将有着广泛的应用前景。如今，这一方法除了用于矿床勘探和采煤工作面地质探测外，还在水文地质、工程地质和环境地质等众多领域发挥着重要作用。

  电磁波透射法是通过研究电磁波在钻孔或坑道间传播特性和被介质吸收的情况来寻找、圈定各种目标地质体位置和形态的方法。目前在工程勘察中，主要用于钻孔或两平行隧洞之间，探测具有低阻特性的断层破碎带、岩溶、采空区、陷落柱等不良地质体的分布及空间位置。

6.6.2 电磁波透射仪器主要技术指标应符合下列规定：

  1 频率范围为0.1~100MHz。

  2 发射机输出功率不低于10W。

  3 输入阻抗大于10MΩ。

  4 测量范围为0~120dB。

  5 分辨率不低于0.1dB。

  6 接收机的噪声电平不大于0.2μV。

  7 配备一组不同主频的天线。

6.6.3 电磁波透射法试验工作应包括下列内容：
1 检验仪器的工作性能；
2 在干扰较小，地质条件正常的孔段布置1~2个发射点，进行透视条件试验，测试初始场强，求取最大穿透距离和岩层吸收系数；
3 选择观测频率、增益、叠加次数等工作参数；
4 根据探测任务、场地条件和试验结果选择观测方式。

6.6.4 根据施测条件，可在孔对孔、孔对地以及多孔之间采用电磁波透射法。电磁波透射法的钻孔应符合下列规定：
1 透射钻孔应具有安置和自由移动天线的空间，并宜在一个平面上。
2 钻孔应无金属套管。
3 电磁干扰不应影响正常的观测。
4 孔径应满足安置井下探头的需要。
5 钻孔间距宜小于50m，孔深应大于探测深度5m以上。
6 孔壁完整，不得有塌孔或缩径现象。孔壁破碎时，应采用PVC套管护壁。

条文说明

钻孔内金属套管对电磁波有强烈的吸收和屏蔽作用，因此，电磁波透射法不适合在有金属套管的钻孔段进行发射或接收信号。

6.6.5 电磁波透射法观测方式选择宜符合下列规定：
1 探测层状介质时，宜选择同步法观测。
2 透射断面或探测对象不规则时，宜选择用定点法观测。
3 孔对地断面透射时宜采用定点法观测，宜以地面发射为主。
4 地质条件复杂时，宜先用同步法了解透射断面之间异常体的分布，然后利用定点法进一步确定异常体的轮廓。

条文说明

在电磁波透射法工作中，根据所要解决的地质问题，结合场地工作条件，选择适合实际情况的观测方式，是提高观测质量和探测效果的有效措施。电磁波透射法的观测方式通常选用同步法和定点法。

1 同步法观测采用发射天线和接收天线分别位于不同的钻孔中，同时等距离移动，逐点发射和接收。如果发射机和接收机保持同一高度，同步测量称为水平同步法；如果发射机和接收机处于不同高度，同步测量就称为高差同步法，高差的大小视钻孔间距、深度及岩层产状而定。采用这种观测方法，透视距离大体相等，各处干扰情况相近，避免接收各种干扰体形成的绕射、反射、散射波，可确保接收场值的真实性和可靠性，有利于资料的分析。但是用这种方法观测容易形成盲区，有漏测的可能。因此，探测对象较小时，要加密点距。

2 定点法观测采用定点发射、多点接收的观测方式，即发射机的位置在一定时间内相对固定，接收机在一定的范围逐点观测电场值。采用这种观测方法，可对工作面全面覆盖，不留盲区，并能运用两钻孔定点交汇，确定地质异常体的性质和空间位置及轮廓，便于有针对性地进行钻探验证，且投资少，见效快。定点法是孔间常用的观测方法。

6.6.6 电磁波透射法应通过现场试验确定最大穿透距离，并应根据透射距离、岩土体的电性参数、仪器的发射功率、现场干扰等条件选择发射频率。

条文说明

电磁波的穿透距离除与岩体的导电性有关外，还与仪器的发射功率、发射频率有关。在发射功率一定的条件下，岩土体电阻率低、发射频率高，则穿透距离短、分辨率高；岩土体电阻率高、发射频率低，则穿透距离长、分辨率相对较低。

6.6.7 电磁波透射法数据采集应符合下列规定：
1 不得在有金属套管的钻孔或有金属护壁的隧道段布置发射点和接收点。
2 接收点与发射点的距离不得大于最大穿透距离。
3 观测前应进行噪声测量，信噪比应大于3。
4 观测时宜选择两个或两个以上工作频率。
5 点距不得大于探测对象的半径或层厚。
6 异常点、突变点、可疑点及存在干扰的测点应进行重复观测。
7 数据采集可视现场条件互换接收孔和发射孔进行观测。
8 观测过程应实时记录现场技术条件和钻孔编号、间距、孔深、地层岩性及干扰情况。

6.6.8 电磁波透射法质量检查与评价应符合下列规定：
1 观测曲线应符合电磁波在介质中相应路径的传播规律，否则应查明原因，并进行重新测量。
2 检查工作量不应少于总工作量的10%。
3 电场强度允许均方相对误差为±5%，按式（6.6.8）计算：

$$m = \pm \sqrt{\frac{1}{2n}\sum_{i=1}^{n}\left(\frac{E_i - E_i'}{\overline{E}_i}\right)^2} \quad (6.6.8)$$

式中：m——视电阻率的均方相对误差；

E_i——第i点原始观测电场强度值（mV/A）；

E_i'——第 i 点检查观测电场强度值（mV/A）；

$\overline{E_i}$——E_i 与 E_i' 的平均值（mV/A）；

n——检查点数。

条文说明

电磁波透射法一般在钻孔中进行，由于受测试条件的限制，加之钻孔中存在塌孔、缩径的可能，导致检查工作无法进行。因此，本条强调对于检查工作量不应少于总工作量的10%，并要求根据电磁波的传播规律分析观测数据的质量和观测曲线特征，对于异常点、可疑点和曲线畸变点要及时检查或重新测量，以保证探测质量。

6.6.9 电磁波透射法的数据处理应符合下列规定：

1 斜孔或不规则透射断面中的观测数据应根据井斜测量资料进行校正。
2 应标注和剔除干扰数据。
3 应统计正常场的各项参数，确定异常下限值。

6.6.10 电磁波透射法资料解释应符合下列规定：

1 绘制实测场强沿钻孔剖面的变化曲线，宜将实测场强 E、初始场强 E_0、衰减系数 $\eta = E/E_0$ 等3条曲线绘制在一起，分析异常体的性质。

2 采用交会法解释时，宜采用三角交汇法圈定探测对象的轮廓。

3 采用电磁波CT技术处理时，网格划分应小于最小探测对象的半径，计算和成图参数宜用吸收系数。

4 采用偶极子天线发射时，孔间电磁波透射法的吸收系数，可根据接收天线接收的场强按式（6.6.10）计算：

$$\beta = -\frac{1}{r}\ln\left[\frac{r \cdot E}{E_0 f(\theta)\sin\theta}\right] \tag{6.6.10}$$

式中：β——介质对电磁波能量的吸收系数；

E——实测电场强度（mV/A）；

E_0——初始电场强度（mV/A）；

r——观测点到发射源的直线距离（m）；

$f(\theta)$——方向因子；

θ——天线轴线和收发线之间的夹角（°）。

条文说明

对电磁波透射法的资料解释说明如下：

1 电磁波透射法观测记录是以微伏数所表示的电场值，经整理可以绘制实测场强沿剖面的变化曲线，作图时纵坐标采用算术坐标表示孔深，横坐标采用对数坐标，表示初始场强、实测场强或实测场强与正常场强之差。

2 电磁波透射法最常用的解释方法是交会法。在地质条件简单、探测对象单一、透射断面规则的条件下，可直接利用交会法确定探测对象的轮廓，当透射断面不规则时，则应先依据井斜资料校正井孔剖面。交会法通常的做法是按一定比例尺绘制包括井孔在内的断面图，利用水平同步、高差同步或定点法的观测资料，在断面图上由各发射点分别向接收井孔的各异常边界引直线，这些直线交会的结果，可获得一个共同阴影区，如图6-1所示。这个公共的阴影区的空间位置、形状、规模等基本上反映了低阻异常体的位置和轮廓。

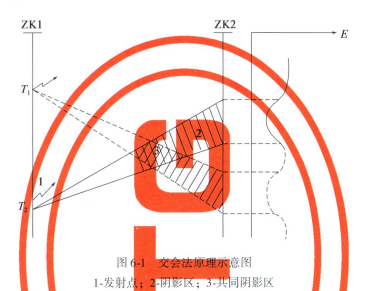

图 6-1 交会法原理示意图
1-发射点；2-阴影区；3-共同阴影区

3 在利用电磁波CT技术进行解释时，层析成像数据处理网格的划分十分关键，网格过大可能漏掉有用信息，过小则增加计算工作量。因此要求采用电磁波CT技术处理时，网格划分应小于最小探测对象的半径，尤其在溶洞探测时更要注意这一点。已有工程经验表明，吸收系数相对于场强更能反映地质体的特征。因此，成图参数建议采用吸收系数。

6.6.11 电磁波透射法图件宜包括下列内容：

1 观测系统图；

2 射线分布图；

3 场强等参数的曲线图；

4 吸收系数断面图；

5 解释断面图。

7 地震波勘探与测试

7.1 一般规定

7.1.1 地震波勘探与测试适用于探测与相邻介质之间波速或波阻抗存在差异的地质体的分布和埋深，进行工程质量无损检测，测试岩土体弹性参数。根据工作条件可选用折射波法、反射波法、地震波透射法、瑞利面波法、水域地震波法、水声法、声波测试、地脉动测试等。

条文说明

地震波勘探是指利用弹性波在岩土体中的传播规律来研究探测对象地质情况的一类勘探方法。本条规定的地震波勘探与测试方法是公路工程地质勘探中常用的物探方法，实际工作中也可进行多波勘探。

7.1.2 仪器主要技术指标应符合下列规定：
1 地震仪：
1）接收道具有良好的一致性。
2）模/数转换精度不小于16位。
3）最小采样间隔不大于0.1ms。
4）增益动态范围不小于96dB。
5）通频带范围0.5~4 000Hz。
6）输入阻抗不小于5kΩ。
2 触发装置：
1）触发信号延迟时间不大于0.5ms。
2）起跳尖锐，振幅足以触发仪器内计时电路。
3 检波器：
1）固有频率允许偏差为±10%。
2）振幅允许偏差为±10%。
3）相位允许偏差为±0.5ms。
4）失真度不大于0.2%。
5）绝缘电阻不小于10MΩ。

4 电缆：
1）无破损、短路、串道、断道等故障。
2）大线电缆道间绝缘电阻不小于10MΩ，对地绝缘电阻不小于20MΩ。

7.1.3 震源选择应符合下列规定：

1 震源选择应根据勘探目的、作业环境和施测条件，并通过试验确定。可选用爆炸震源、锤击震源、落重震源、电火花震源、空气枪和可控震源等。

2 震源激发的地震波主频应满足分辨率的要求。

3 震源激发的能量应可控，并应满足探测深度的要求。

7.1.4 爆炸作业必须严格执行现行《爆破安全规程》（GB 6722）、《地震勘探爆炸安全规程》（GB 12950）及《岩土工程勘察安全标准》（GB 50585）的有关规定，并符合下列规定：

1 计时必须采用绕在药包外面的计时回路。

2 使用万用电表检查计时线的通断状况时，检查地点与药包的距离必须大于5m。

3 雷管质量检查时必须符合下列规定：

1）必须使用专用电表。

2）测试点与雷管的安全距离严禁小于5m。

3）检测电流强度必须小于50mA，接通时间必须小于2s。

4）检测后雷管脚线必须短路。

4 起爆必须使用检验合格的爆炸机，严禁使用代用设备。

5 爆炸机的钥匙必须由埋药人员携带，接到起爆信号前严禁将钥匙插入爆炸机。

6 爆炸站必须设在通视良好的安全地点，警戒范围严禁小于安全距离。

7 严禁高压线下设爆炸点。高压线附近进行爆炸作业时必须满足安全距离的要求，且使用抗杂电干扰雷管。

8 雷雨、雷电或大雾天气严禁进行爆炸作业。

9 遇到拒爆时，首先必须将爆炸线拆离爆炸机，并将其短路10min以后再检查原因进行处理。拒爆药包可用另放一小包炸药的方法将其引爆，严禁将原药包挖出处理。

10 多次使用同一爆炸点时，每次埋置药包前应清除松土。

11 坑中爆炸时应清除爆炸点处的石块、杂草等，并用土或细砂填实。

12 水中爆炸时药包应有防水措施，沉放深度不应小于1m。

13 拟定的爆炸点位置不具备安置条件时，允许沿垂直测线方向移动，移动距离不得大于道间距的1/5，并应准确记录爆炸点的位置和深度。

14 同一工点严禁使用两套或两套以上的爆炸线和计时线。

7.1.5 锤击和落重震源作业应符合下列规定：

1 锤击板应安置在较密实的土层上，与地面接触良好，避免反弹造成二次触发。

2 采用叩板时，木板的长轴应垂直测线，且长轴的中点应对应在测线上或测线延长线上。

3 锤击开关应牢固捆绑在大锤手柄的锤头一端。

7.1.6 地震波勘探的检波器安置应符合下列规定：

1 检波器应安置牢固，并清除检波器周围的杂草；风力过大时应采用掩埋等措施，安置条件宜一致。

2 在水田、沼泽、浅滩安置时，应使用加长尾锥，并应检查检波器的防水性。

3 检波器在水泥混凝土路面或沥青路面安置时，应将检波器牢固粘于地面，保证检波器与地面接触良好。

4 安置检波器困难时，可在垂直排列方向上左右移动，移动距离不大于1/5道间距。

5 接收横波时应保证检波器水平安置，灵敏轴应垂直测线方向，且取向应一致。

6 水中接收时，应将检波器沉放水面1m以下。

7.1.7 检波器的频率选择宜符合下列规定：

1 折射波法宜选用固有频率为10~40Hz的垂直检波器。

2 纵波反射法宜选用固有频率为60~100Hz的垂直检波器。

3 横波反射法宜选用固有频率为40~60Hz的水平检波器。

4 瑞利面波法宜选用固有频率为1~10Hz的垂直检波器。

7.1.8 波形记录质量评价应符合下列规定：

1 同时满足下列条件时应评定为合格记录：

1）波形清晰、连续，干扰不影响有效波的识别和波形的对比；

2）震相明显且可连续追踪；

3）班报记录清楚、内容全面、完整。

2 存在下列缺陷之一者应评定为不合格记录：

1）坏道数大于排列道数的10%，或坏道为连续两道及两道以上；

2）干扰强烈，影响有效波识别、同相轴追踪或旅行时间读取；

3）数据文件的编号或主要工作参数与班报表记录不符。

条文说明

《公路工程物探规程》（JTG/T C22—2009）对于地震波勘探波形记录评价采用的三分法，即优良、合格与不合格，在地震波勘探实际工作中操作性不强。一是优良和合格的尺度不好把握，二是优良及合格的波形都参与了后续的成图、数据处理和资料解释，细分为优良与合格等级并不影响解释成果的质量。因此，本次修订对于地震波勘探与测试的波形记录质量按二分法进行评价，即分为合格与不合格，合格者方可参与后续的处理与解释。

7.1.9 地震波勘探应按地层岩性单元实测波速参数，测试点应有代表性，测量方法应符合下列规定：

1 测定岩样波速应采用声波法。
2 洞室、钻孔或基岩露头测定岩土体波速应采用直达波法。
3 地表测定覆盖层下基岩波速应采用折射波法。

7.2 折射波法

7.2.1 折射波法可用于探测界面起伏不大，且上层介质速度小于下层介质速度的地质界面的埋深。

条文说明

折射波有其自身的传播规律，使用折射波法需具备一定的条件，除要求上层介质的波速小于下层介质的波速外，当被追踪的地层视倾角与临界角之和大于或等于90°时，在地面均无法接收到折射波。因此，采用折射波法探测高倾角岩层界面时，需调整测线方向，使地层视倾角与临界角之和小于90°。

折射波法在公路工程地质勘察中的应用主要包括下列内容：
（1）划分土石分界、岩体风化程度等；
（2）探测泥石流、滑坡及崩塌等堆积体的厚度；
（3）探测覆盖层、软土的厚度和多年冻土上限等；
（4）测试岩体的纵波速度，为隧道围岩级别划分提供依据等。

7.2.2 折射波法试验工作应符合下列规定：

1 试验内容应包括确定有效波和干扰波，选择激发和接收方式、仪器工作参数及观测系统。
2 试验段选择应有代表性，并宜通过已知钻孔、探坑或地质露头。
3 有效波和干扰波的确定宜采用展开排列，最大炮间距宜为目的层深度的0.8～2.0倍。
4 试验资料应及时分析处理，试验结论应明确。
5 地质条件或物性条件变化时应补充试验，重新确定观测系统和工作参数。

条文说明

本条是对折射波法试验工作的基本规定。试验的目的在于确定一套适合本项目的有效工作方法。

1 试验内容取决于项目区的地质、地球物理条件，不同测区试验的内容会有区别，地质条件比较简单的测区，试验内容可简单一些，但不能缺少。

2 试验的目的是能够指导工点或全线的物探工作。因此，在试验点的选择上要求具有代表性，同时宜通过已知资料点，以便确定所采用方法的探测效果和工作参数的合理性。

7.2.3 观测系统应依据勘探目的、适用条件和试验结果确定，并应符合下列规定：

1 在地形条件允许时，宜采用多重追逐相遇观测系统，追炮记录应满足探测要求的深度。

2 相遇时距曲线在相遇段内，应有不少于4个正常检波点接收到来自被追踪界面的折射波。

3 地形平坦、地层岩性界面水平时可采用单支观测系统。

条文说明

选用折射波的观测系统时，无论采用多重追逐相遇观测系统，还是单边时距曲线观测系统，均应保证各目的层折射波是连续的、可对比追踪。

1 追逐时距曲线是利用时距曲线的平行性来识别是否来自同一界面的折射波，追炮距离过短，被追踪段的检波点数过少，影响折射界面和下伏地层的确定。

2 追踪界面的相遇时距曲线段至少有4个正常检波点的规定，是为了保证观测成果的可靠性和追踪界面的连续性。

7.2.4 折射波法测线布置应符合下列规定：

1 测线宜布置成直线，当测线转折时，转折点应位于排列端部，同一排列的检波器应在一条直线上，相邻排列应有重叠观测点。

2 探测高倾角目的层时，选择的测线方向应使临界角与视倾角之和小于90°。

3 排列布置宜按坡度相近的山坡分段布置，炮点宜在地形起伏的顶部和底部，避免穿透现象。

4 地形起伏较大时，应实测激发点、排列端点和地形变化点的位置及高程。

7.2.5 折射波法数据采集应符合下列规定：

1 仪器的增益、记录长度、采样率、延迟时间等参数应根据试验结果确定。同一工点应采用相同的工作参数。

2 当信噪比较低时，宜采用多次叠加采集。

3 数据采集质量明显下降时，应分析原因，采取措施后重新观测。

7.2.6 折射波法观测质量评价应符合下列规定：

1 波形记录除应符合本规程第7.1.8条的有关规定外，尚应确保边道、互换道和相邻两道不出现坏道。

2 同一排列时距曲线互换道的时间差不应大于5ms。

7.2.7 折射波法数据处理应符合下列规定：

1 折射波的对比应根据各道记录波形的相似性、振幅的相近性、振动衰减的规律性、相位的一致性以及旅行时、视周期和时距曲线特征，采用单相位或多相位方式进行有效波的辨识。

2 折射波初至时间拾取应使用原始记录直接读取初至，读取初至时间有困难时，可根据折射波峰值时间进行相位校正后确定。

3 折射波初至时间的校正宜根据具体情况进行炮点深度校正、表层低速带校正及地形校正。

4 时距曲线绘制应采用折线连接，采用的比例尺应清晰反映折射波分层信息。

5 当地层厚度、速度突变时应分段确定平均速度。

6 有效速度应根据测井曲线求取，当无测井资料时，可依据时距曲线求取。

条文说明

折射波的对比是利用波的传播规律，依据波的同相性、相似性以及振幅衰减等标志，在地震波形记录上辨认和追踪沿地表传播的直达波和来自各折射面的初至折射波的同相轴以及波的置换。波的对比一般采用下列方法：

（1）从靠近有效波的起始相位处，根据相邻道波形、振幅、相位、视周期以及振幅随远离激震点衰减的规律性等特征，依次追踪直达波和折射波。

（2）当两组波同相轴相交时，根据波形的振幅、相位、视周期的突然变化等特征，确定波的置换位置。

（3）根据相遇时距曲线的互换道旅行时的相等性进行对比。

（4）根据追逐时距曲线的平行性特征，判断折射波是否存在穿透现象。

7.2.8 折射波法资料解释除应符合本规程第3.2.7条的有关规定外，尚应符合下列规定：

1 相遇时距曲线互换时间不相等时，应取其平均值。

2 地形起伏较大时，应根据法向深度与铅垂深度之间的关系，对解释的界面深度进行修正。

3 单支时距曲线解释可选用截距时间法、临界距离法，两者解释结果可互相校核。

4 相遇时距曲线解释可选用有t_0法、延迟时法、时间场法和共轭点法。

条文说明

对折射波法解释方法的适用条件说明如下：

（1）截距时间法适用于近似水平的层状介质、地面与界面起伏较小且横向速度无明显变化的解释，当各层折射波时距曲线近似为直线时，依据折射时距曲线的延长线求得较可靠的截距时间。

（2）临界距离法适用于单支时距曲线的解释，当折射波时距曲线的拐点比较清晰时，可根据各拐点位置确定临界距离，并依据临界距离计算各折射层的埋深及厚度。

（3）t_0 法计算界面深度是建立在接收三角形为等腰三角形基础上的，界面起伏过大或界面速度变化过大则造成出射角不相等，会使计算精度降低，一般要求界面倾角小于 15°。

另外 t_0 法适用于二层结构的解释，用于多层解释时，即将折射界面以上的多层介质视为均匀介质，其速度等于有效速度，然后按照二层结构进行解释。界面的解释精度取决于所选用的有效速度以及低速带校正的准确性，由于低速带厚度变化引起有效速度变化时，一般要求先进行低速带校正，然后以低速带的下伏地层的有效速度构制地层界面。

（4）延迟时法的应用条件与 t_0 法相同，但要求对各折射界面的相遇时距曲线分层求解，削弱低速带厚度变化的影响。该方法在有效速度变化大的测区比 t_0 法的解释精度和分层能力都高。

（5）时间场法的折射界面位置是根据两相遇滑行波的旅行时之和等于互换时间的原理确定的，受界面起伏和界面速度变化的影响较小。该方法是一种比较精确的解释方法。

（6）共轭点法的应用条件与时间场法大致相同，不同的是时间场法允许地面有一定起伏，而共轭点法要求地面较平坦。

折射波数据处理和解释采用何种方法，可根据具体情况参考表 7-1 选择。

表 7-1 折射波法解释方法使用条件一览表

解释方法	适用条件	备注
截距时间法	地表与界面起伏小	用于水平的层状介质
临界距离法	界面倾角小于 5° 界面速度变化不大	适用于单支时距曲线
t_0 法	倾斜界面或弯曲不大的界面 界面倾角不大于 15° 折射波无穿透现象	最常用的解释方法之一
延迟时法	倾斜界面或弯曲不大的界面 界面倾角不大于 15° 折射波无穿透现象	适用于减弱低速带厚度变化的影响
时间场法	界面起伏较大、滑行波无穿透现象 界面速度变化较大 地表有一定起伏	可用于多层介质，宜计算机作图解释
共轭点法	界面起伏较大 滑行波无穿透现象 界面速度变化较大 地表较平坦	适用于岩溶发育地区

7.2.9 折射波法的图表宜包括下列内容：
1 地层岩性速度参数对照表；
2 与观测系统相对应的时距曲线图；
3 解释的剖面图、平面图。

7.3 反射波法

7.3.1 反射波法可用于探测介质之间波阻抗存在明显差异的地质界面或地质体的分布及埋深。

条文说明

波阻抗的含义是指介质纵波速度与密度的乘积。反射波法是利用地下介质之间的波阻抗差异作为基础的一种地震波勘探方法，在公路工程地质勘探、隧道超前地质预报和工程质量无损检测中广泛使用，主要应用包括下列内容：
(1) 探测地层结构；
(2) 探测断层位置及产状；
(3) 探测特殊性岩土和岩溶、采空区、陷落柱及滑坡等不良地质体的位置及埋深；
(4) 隧道超前地质预报。

7.3.2 使用反射波法除应符合本规程第3.1.1条的规定外，尚应具备下列条件：
1 反射界面与地形线夹角应小于30°。
2 反射界面应相对稳定，并有一定的延续长度。
3 目的层厚度应大于地震波有效波长的1/4。

条文说明

被追踪的地层厚度较小时，两相邻界面产生的反射波时差过小，会发生地震波的干涉现象而难以识别。理论分析和模型试验证明，垂直方向上反射波法的最高分辨率可达到其有效波长的1/8，实际工作中仅能达到1/4。基于这一点考虑，如果要提高反射波法的垂直分辨率，主要方法是提高震源激发频率。

7.3.3 反射波法试验工作除应符合本规程第7.2.2条的有关规定外，尚应通过试验确定最佳时窗、偏移距、道间距、采样率、记录长度、增益及延迟时间等工作参数。

7.3.4 反射波法观测系统应符合下列规定：
1 观测系统可选用简单连续观测系统、间隔连续观测系统和多次覆盖观测系统。当地表平坦，地层结构简单，并且要求探测的深度较小时，可采用单道等偏移距观测系统。

2 观测系统的道间距和偏移距等参数，应根据目的层深度、地质构造的复杂程度和探测精度等要求进行设计，并应通过试验确定。

条文说明

反射波法的观测系统主要包括简单连续观测系统、间隔连续观测系统和多次覆盖观测系统，实际工作中根据勘探目的、现场地形地质条件选用观测系统。

（1）简单连续观测系统适用于地质条件较简单且激发点附近面波、声波干扰小的测区，沿测线连续对比追踪同一界面的反射波。追踪时从炮点附近开始，沿测线方向展开，单边展开的长度不超过反射面最大深度的1.5倍。

（2）间隔连续观测系统也称为等偏移距观测系统，适用于测区地形地质条件较简单，激发点与接收排列之间始终保持一定间隔的连续追踪。偏移距要根据试验结果确定，选择能避开面波和声波等干扰波的影响。最大炮检距不应超过反射界面最大深度的1.5倍。

（3）多次覆盖观测系统适用于地质、地球物理条件比较复杂的地区。观测中通常采用具有一定偏移距的单端激发、覆盖次数通过试验确定，并使接收排列在反射波的最佳窗口内。

单道等偏移距观测系统其实就是目前所说的地震映像法，资料解释中常运用多波对比分析。

7.3.5 反射波法测线布置应符合下列规定：
1 测线宜布置成直线，受场地条件限制时可布置成折线。
2 地形坡度大于15°时，应实测激发点和检波点的位置及高程。

条文说明

由于地形条件、地物障碍的限制，测线为折线时，要求观测系统布置成直线。由于采用非纵测线观测系统时，旁侧地形、地层岩性、界面倾角、地层速度变化等对反射波的影响较大，解释过程复杂，影响成果的因素较多。因此当采用非纵测线观测系统时，测线尽量通过钻孔、基岩露头等已知点布置，以便对解释结果进行复核和校正。在公路工程物探实际工作中，绝大多数情况下采用纵测线观测系统，很少采用非纵测线观测系统。

7.3.6 反射波法数据采集应符合下列规定：
1 震源和激发方式应根据探测深度和分辨率的要求选择。
2 倾斜地层应在地层下倾方向激发，上倾方向接收。
3 浅部探测应采用能够激发高频地震波的震源和高频检波器。

4 覆盖次数应根据场地的地质条件和干扰情况确定。
5 反射波的同相轴应清晰、连续、能对比追踪。
6 重点异常地段应加密测点。
7 波形记录异常或可疑之处应查明原因，并重新观测，经确认合格后，进行下一炮点观测。

条文说明

震源的激发方式和激发能量大小直接关系到反射波法的数据采集质量和探测效果。通常情况下反射波法的激发方式按下列方法选用：

（1）当探测深度要求较浅时，进行陆地纵波反射法勘探采用锤击震源；当锤击能量满足不了信噪比要求时，采用落重震源或爆炸震源。激发点选择在较密实的土层上，清除激发点附近的杂草、浮土或预先夯实。使用锤击震源时，要求锤击板与地面接触良好，避免反跳造成二次触发。

（2）进行横波反射法勘探时，使用扣板震源，扣板的长轴垂直测线，且长轴的中点应在测线上或测线延长线上，木板上加足够的重物或安装抓钉，保持扣板与地面接触紧密。

（3）使用锤击震源时，对有效波而言，多次激发的波形相似，其波的到达时间是相同的，随机干扰则是无规律的。统计学理论表明，采用多次叠加是提高记录信噪比的一种简易方法。

7.3.7 反射波法观测质量评价应符合下列规定：
1 波形记录应符合本规程第7.1.8条的有关规定，评定结果应合格。
2 检查记录与原始记录的波形应相似，并且同相轴无明显变化和位移。

7.3.8 反射波法数据处理应符合下列规定：
1 数据处理流程应通过试验确定。处理方法宜包括预处理、抽CDP道集、静校正、速度分析、动校正、滤波、叠加等。
2 应绘制观测系统图，并注明空炮、废炮及测线经过的地物标志。
3 应对比各记录道的波形、振幅、相位等特征。
4 表层静校正所需的资料应包括测点坐标、高程、低速带厚度及速度等。
5 平均速度、有效速度等参数宜采用地震波速测井资料获取，无测井资料时可依据时距曲线求取。

条文说明

反射波法数据处理的方法很多，各有优势，需要根据地震记录的具体情况，结合地形地质条件，通过对比试验选择最佳的处理流程。本条对处理流程虽未进行具体规定，但处理过程要注意以下几点：

(1) 检查观测系统的定义及参数是否正确。

(2) 道编辑过程中注意剔除不正常炮记录、不正常道记录，校正反极性道。

(3) 正确使用增益控制参数。

(4) 正确设置滤波参数，保证滤波结果有较高的信噪比。

(5) 静校正量较大地段应显示校正后的单炮和 CDP 道集或等偏移距道集记录，以检查校正效果。

(6) 沿剖面应有足够的动校正速度分析段，其位置选在地形起伏不大、地层倾角平缓、反射波质量优良及波组齐全的地段。

(7) 振幅补偿、反褶积、去噪、滤波等能模块的选择及其参数的设置应通过试验分析确定。

(8) 修饰性处理不得因过度人工干预造成削弱地质异常。

条文中 CDP 是 common depth point 的英文缩写。地震勘探资料采集中，当反射界面水平时，在测线上不同的共炮点道集中，总能找到不同的道，它们都来自地下界面上的某个共同点，该点称为共深度点或共反射点，具有共同深度反射点的相应各记录道组成共深度点或共反射点的道集称为 CDP 道集。

7.3.9 反射波法资料解释除应符合本规程第 3.2.7 条的有关规定外，尚应与已知资料进行对比分析，确定地层和波组之间的关系，并通过波组的对比追踪确定层位的数量、厚度、埋深和变化情况。

条文说明

反射波的对比追踪要根据波形相似性、视周期相似性进行追踪，同时注意波形突变、振幅突变、视周期突变及同相轴分叉、合并、错动等特征，以此判断和确定反射波组对应岩性层位的连续性和横向变化特征，并根据波形特征和上下同相轴的相对时间关系，确定地层厚度变化和接触关系。

7.3.10 反射波法的图表宜包括下列内容：

1 观测系统图；
2 地层岩性速度参数对照表；
3 资料处理流程图；
4 反射波时间剖面图、深度剖面图；
5 解释的剖面图、平面图。

7.4 地震波透射法

7.4.1 地震波透射法可用于探测钻孔之间地质异常体的位置和形态，测定弹性波速。

条文说明

地震波透射法研究的是地震波在透射断面之间的传播速度和能量衰减的规律，在检波器特性及耦合一致、各道振幅一致性检定满足要求时，可以利用透射波的幅值变化分析震源和测点之间介质的能量衰减规律，以此推断透射断面之间地质体的分布情况。公路工程中主要用于探测断面之间的软弱岩土体、断层破碎带、采空区、岩溶等的分布及形态。

7.4.2 使用地震波透射法应具备下列条件：

1 孔间透射时，钻孔宜有井液耦合，无井液时应采用可靠的贴壁装置。

2 钻孔间距不宜大于40m。

7.4.3 地震波透射法可采用孔对地、孔对孔及联合观测方式；数据采集可采用一发一收、一发多收观测系统。

条文说明

对地震波透射法的各种观测方式说明如下：

（1）孔对地观测方式：采用孔中激发，地面接收。

（2）孔对孔观测方式：采用一孔发射，另一孔接收，接收与发射可互换。观测系统可选用水平同步、斜同步和定点透射等。

（3）联合观测方式：孔对孔和孔对地两种观测方式的联合使用，一般选择在其中一孔激发，多孔及地面接收。

7.4.4 地震波透射法的震源应根据探测目的和现场井壁条件确定，激发的能量应满足穿透距离的要求。

7.4.5 观测系统的布置应符合下列规定：

1 观测系统应布置在透射断面两侧的钻孔中。震源和检波器的沉放深度应准确，贴壁牢固。

2 透射断面应穿过探测对象，激发点和接收点应在同一个平面上。

3 探测与观测剖面平行的条带状异常，应在钻孔之间的地面连线上布置检波点，加密观测数据，以保证射线正交。

7.4.6 地震波透射法的数据采集应符合下列规定：

1 数据采集应自下而上逐点观测。

2 激发点间距和道间距应根据探测对象的尺寸确定，宜采用等间距布置；采用不等间距时，应确保地震波射线的有效覆盖和正交性。

3 采用一发多收扇形观测系统时，扇形边界不得产生明显断面外绕射。
4 在完成一次完整的观测后，孔壁完好时宜互换激发孔和接收孔进行测量。
5 地震检波器串移动时重叠部分不应少于1个点。
6 异常突变点、可疑点应进行重复观测。
7 观测过程应实时记录现场技术条件及干扰情况。

7.4.7 地震波透射法外业检查、观测质量评价应符合下列规定：
1 检查工作量应为总工作量的5%~10%。
2 数据观测精度应采用相对误差评价，旅行时间的允许相对误差为5%。相对误差按式（7.4.7）计算：

$$\delta = \left| \frac{2(t - t')}{t + t'} \right| \times 100\% \tag{7.4.7}$$

式中：δ——旅行时间的相对误差（ms）；
　　　t——旅行时间原始观测值（ms）；
　　　t'——旅行时间检查观测值（ms）。

7.4.8 地震波透射法数据处理应符合下列规定：
1 应剔除不合格的波形记录数据。
2 当存在激发延迟时，应对透射波的首波旅行时间进行校正。
3 激发点与接收点之间的位置和距离应根据孔斜资料进行校正。
4 求取平均速度时应对同一岩性段的多个测点速度结果进行统计。
5 采用地震波CT技术进行资料处理时，应根据分辨率的要求确定网格的形态和尺寸，划分的单元数不应超过炮点数×检波点数。

条文说明

地震波CT技术是利用计算机对观测数据进行反演计算，重现地质体图像的一种数据处理方法。

在地震波透射法勘探中，按利用速度或能量等物理量不同，地震波CT技术的应用分为速度CT和衰减或吸收系数CT，在公路工程中应用最广、研究程度最高的是地震波透射法的速度CT技术。

利用CT技术处理地震波透射法资料时，处理网格的划分十分关键，网格过大则部分数据未参与计算和成图，可能漏掉有用信息，导致分辨率降低，影响探测效果，过小则增加计算工作量。基于上述理由，本条对网格边长及单元数进行了规定。

地震波CT处理的初始值和约束极值通常由已知地质条件、经验值、现场试验计算等方法给出。有声波、地震波速度测井资料时，尽量将其作为边界条件，加入相应的反演计算中，以提高反演的质量。地震波CT反演要求采用成熟的专业软件，在试算验证的基础上选择相应的反演方法，反演方法一般包括奇异值分解法、联立迭代重建法、共轭梯度法、阻尼最小二乘法等，以及由这些方法改进而成的其他方法。

7.4.9 地震波透射法资料解释应符合下列规定：
1 测试岩性波速时，应绘制钻孔波速测试曲线，并应按岩性计算其平均速度。
2 评价岩土体质量时，应绘制波速分布图，结合钻孔岩性、结构构造、风化程度等分段进行评价。
3 探测钻孔之间的空洞、裂隙带、软弱体等地质异常体的分布时，应采用交汇法或地震波 CT 技术，结合钻孔资料确定其分布和形态。

7.4.10 地震波透射法图表宜包括下列内容：
1 观测系统图；
2 速度参数表；
3 射线分布图；
4 推断解释成果图。

7.5 瑞利面波法

7.5.1 瑞利面波法可用于探测覆盖层及松散堆积体的厚度，划分风化层，探测断层、破碎带和地下洞穴的位置，检测路基加固注浆效果等。

7.5.2 瑞利面波法可选用稳态瑞利面波法或瞬态瑞利面波法。稳态瑞利面波法应采用稳态面波仪和稳态激震设备，瞬态瑞利面波法可采用多道数字地震仪。

条文说明

稳态瑞利面波法的震源为电磁振动器，面波数据采集过程是按预先设计的频点，通过依次变换激振器频率，采集不同频点地震波数据，直至完成所有频点的采集，震源设备笨重，公路工程物探很少应用；瞬态瑞利面波法使用脉冲震源，脉冲激震作用于地面可以形成一定频率范围的振动，频谱成分丰富，采集一次可收集到不同频率的面波数据，震源轻便可选，不需要专门的设备，在公路工程地质勘探与检测中应用较为广泛。

7.5.3 仪器主要技术指标除应符合本规程第 7.1.2 条的规定外，尚应符合下列规定：
1 仪器应具有频响和幅度一致性的自检功能。
2 各通道的幅值差不应大于 5%。

7.5.4 瑞利面波法试验工作应符合下列规定：
1 试验工作应覆盖不同的岩性单元，试验点宜布置在钻孔旁或已知地段。
2 应分别检查仪器各道的一致性和检波器的频响及幅度的一致性。

3 应采用展开排列了解测区干扰波的特征,并根据展开排列采集的基阶面波发育的强势段确定偏移距、道间距和记录长度。

4 检波器频率的选择按式(7.5.4)计算:

$$f = \frac{V_R}{\lambda_R} \tag{7.5.4}$$

式中：f——检波器的频率(Hz)；

V_R——瑞利面波速度(m/s)；

λ_R——波长(m)，可取 2 倍的探测深度。

5 激振方式应根据探测深度和分辨率要求,通过现场试验确定。

条文说明

在瑞利面波法勘探中将面波作为有效波,而反射波法、折射波法、声波测试等方法中将面波视作干扰波。因此,试验工作中采用展开排列了解测区干扰波特征,其目的在于有效识别面波。基于面波传播速度较慢,能量较强的特点,在展开排列的波形图上容易识别,确定了有效面波后,就可根据基阶面波选择合适的偏移距、道间距、记录长度。

道间距决定频率-波数域的波数分辨率,应用中与垂向地层的可分辨有关,道间距过大则浅部地层信息缺失;偏移距与探测深度相关,具有探测深度随偏移距增加而增大的规律,偏移距选择是否正确,直接影响探测效果;采样记录长度关系到能否记录到完整的面波波形。因此本条规定偏移距、道间距、记录长度应通过试验确定。

7.5.5 瑞利面波法测线、测点布置应符合下列规定：

1 测线应布置在地形相对平坦,无临空面的地段。

2 测点间距应根据探测目的和现场条件确定,每条测线不宜少于 3 个测点。

3 遇有陡坎、水塘、地表建筑等障碍物及其他干扰源时,应调整排列方向,规避干扰影响。

7.5.6 稳态瑞利面波法数据采集应符合下列规定：

1 激振器应与地面垂直并接触良好。

2 根据探测深度的要求选用相应频率的检波器,同一排列的检波器固有频率差不应大于 0.1Hz。检波器应垂直安置并与地面紧密接触。

3 观测频率应根据探测深度及垂向分辨率的要求确定。

4 数据采集应采用变频可控震源两端激发,并合理设置道间距和偏移距,接收不同频率的多种组合瑞利面波记录。

5 重要异常点或曲线畸变时应重复观测。

7.5.7 瞬态瑞利面波法数据采集应符合下列规定：

1 检波器应采用直线等间距排列方式，排列长度应大于拟探测深度，面波记录点应为排列中点。

2 勘探深度小于20m时宜选择锤击震源；20~50m时宜选择落重震源；大于50m时宜选择爆炸震源。

3 地形、地质条件复杂时应采用双端激振法；地形平坦、地质条件简单时可采用单端激振法。

4 检波道数不宜少于12道，仪器各道增益设置应一致。

5 工作参数应通过试验确定，地质情况变化时应及时调整。

6 记录的近震源道不应出现削波，排列中不宜有坏道。记录长度应满足最大源检距基阶面波的采集需要。

7 重要异常位置应重复观测，并选择面波能量强、干扰小、重复性好的曲线作为有效观测结果。

条文说明

对检波器的排列方式说明如下：

（1）由于目前瞬态瑞利面波法数据处理方法的原因，检波器排列应为直线，检波器之间的距离应相等。

（2）排列长度决定探测空间的最大尺度范围，与最大探测深度相当。因此，规定排列长度应大于拟探测的深度。

（3）同一个排列的多道瞬态面波频散成果，对排列内介质的性质有平均作用。因此，规定瞬态瑞利面波记录点应为排列中点。

7.5.8 瑞利面波法波形记录质量评价应符合下列规定：

1 同时满足下列条件时评定为合格记录：
1）波形记录清晰、完整；
2）基阶面波为强势波。

2 存在下列情况之一者为不合格记录：
1）近源道波形出现削波、坏道或排列中连续两道为坏道；
2）记录长度不满足采集最大炮检距基阶面波的记录；
3）基阶面波为非强势波。

条文说明

本条所说的排列中连续两道出现坏道的情况是指不在记录的边道上。因为记录边道上的两个坏道，处理时可以舍去不用，只要满足探测深度的要求，仍可作为合格波形记录。

7.5.9 瑞利面波法的质量评价应符合下列规定：

1 检查记录与原始记录波形应相似。

2 频散曲线特征应一致，曲线的形态和频散特征无明显改变，"之"字形拐点和曲率变化的位置应无明显位移。

7.5.10 瑞利面波法的资料处理应符合下列规定：

1 波形记录应进行预处理并识别瑞利面波。

2 瞬态瑞利面波法应利用基阶面波提取频散曲线，并剔除明显畸变点、干扰点。

3 应将 f-k 域频散曲线转换为速度-深度域频散曲线。

条文说明

将 f-k 域频散曲线转换为速度-深度域频散曲线时，频散曲线中的深度值可以理解为瑞利面波的穿透深度，通常可按表7-2取值。

表7-2 泊松比与瑞利面波穿透深度关系表

μ	0.1	0.15	0.20	0.25	0.30	0.35	0.40	0.45
H	0.55λ	0.58λ	0.63λ	0.65λ	0.70λ	0.75λ	0.79λ	0.84λ

注：μ 为泊松比；H 为深度（m）；λ 为波长（m）。

7.5.11 瑞利面波法的资料解释应符合下列规定：

1 地层分层应依据频散曲线的拐点、斜率等特征确定。计算地层速度的频散曲线应具有收敛的特征，不收敛段的起始拐点可解释为地层界线。

2 利用频散曲线反演层速度应选择固定层厚度的方式，由浅及深逐层调试层速度使正、反演结果逐渐逼近。

3 有已知资料时，反演深度应利用已知资料进行校正。

4 采用各向同性介质中瑞利面波速度与横波速度的相关关系计算的横波速度，应利用工点已知资料进行校正。

条文说明

对面波资料解释说明如下：

（1）频散曲线上的拐点、斜率等特征反映了地下介质面波速度的变化。速度曲线斜率变化的位置一般对应地层岩性界面的深度。

（2）频散曲线上的面波速度并不是真正的地层速度，地层速度可按式（7-1）和式（7-2）计算：

当 $\overline{V}_{Rn} > \overline{V}_{Rn-1}$ 时，

$$V_{Rn} = \frac{H_n \overline{V}_{Rn} - H_{n-1} \overline{V}_{Rn-1}}{H_n - H_{n-1}} \tag{7-1}$$

当 $\overline{V}_{Rn-1} > \overline{V}_{Rn}$ 时，

$$V_{Rn} = \frac{H_n - H_{n-1}}{\dfrac{H_n}{\overline{V}_{Rn}} - \dfrac{H_{n-1}}{\overline{V}_{Rn-1}}} \tag{7-2}$$

式中：H_n——第 n 点的深度（m）；

H_{n-1}——第 $n-1$ 点的深度（m）；

$\overline{V}_{Rn}$——第 n 点深度以上的平均速度（m/s）；

$\overline{V}_{Rn-1}$——第 $n-1$ 点深度以上的平均速度（m/s）；

V_{Rn}——H_n 至 H_{n-1} 深度间的瑞利面波层速度（m/s）。

（3）利用面波频散曲线解释地层深度，通常依据的是二分之一波长理论。频散曲线纵坐标的物理意义为波长，波长和探测深度的关系与地质体的物理力学性质有关。因此，面波频散曲线解释的地层深度要与钻孔等已知资料进行分析对比，并进行深度校正，以便提高深度解释精度和探测效果。

（4）理论计算表明，均匀各项同性介质中瑞利面波速度、横波速度、泊松比三者的关系可用表 7-3 进行换算。由于自然界的地层、岩性并非理论上的均匀各向同性介质，瑞利面波速度、横波速度、泊松比三者虽然存在一定的对应关系，但并不完全具备按表 7-3 进行换算的条件。因此，使用瑞利面波速度计算横波速度时，需结合工点已知资料进行校正。

表 7-3　各向同性介质中瑞利面波速度与横波速度换算关系

μ	V_R/V_s	μ	V_R/V_s	μ	V_R/V_s
0.21	0.912 7	0.31	0.929 0	0.41	0.943 6
0.22	0.914 4	0.32	0.930 5	0.42	0.945 0
0.23	0.916 1	0.33	0.932 0	0.43	0.946 3
0.24	0.917 8	0.34	0.933 5	0.44	0.947 6
0.25	0.919 4	0.35	0.935 0	0.45	0.949 0
0.26	0.921 0	0.36	0.936 4	0.46	0.950 3
0.27	0.922 7	0.37	0.937 9	0.47	0.951 5
0.28	0.924 3	0.38	0.939 4	0.48	0.952 8
0.29	0.925 8	0.39	0.940 8	0.49	0.954 1
0.30	0.927 4	0.40	0.942 2	0.50	0.955 3

注：μ 为泊松比；V_R 为瑞利面波速度（m/s）；V_s 为横波速度（m/s）。

7.5.12 瑞利面波法的图件宜包括下列内容：

1　干扰波调查和典型面波记录波形图；

2　频散曲线图；

3　面波速度-深度分层图；

4　面波速度等值线图；

5 解释的剖面图、平面图。

7.6 水域地震波法

7.6.1 水域地震波法可用于水深大于2m的水域，探测水下地层结构、岩溶和断裂构造的位置等。根据勘探目的和工作条件可选用水域折射波法或水域反射波法。

条文说明

水域地震波法与陆地地震波法勘探的工作条件虽然不同，但工作原理、方法、观测系统相同。实践经验表明当水深小于2m时，水底反射波与直达波存在交叉混淆，难以区分，影响探测的质量和效果。

7.6.2 仪器主要技术指标除应符合本规程第7.1.2条的规定外，尚应具备连续触发和采集功能。

7.6.3 水域作业前，应在测区内的典型水域进行试验，通过试验选择观测方式和工作参数等。

7.6.4 水域地震波法测线布置及定位应符合下列规定：
1 测线应平行路线走向或垂直探测对象走向，并结合水域情况布置。
2 走航式观测的测点宜采用GPS实时定位，观测过程应对实际航线进行监测，确保航线符合要求；固定排列观测可采用其他测量方式定位。

条文说明

水域的测量定位与地面有所不同，由于水体是流动的，水面高度会因为潮汐等影响发生变化，很难像地面物探那样预先设置固定标志，然后逐点进行观测。因此，对于走航式地震波勘探宜采用GPS实时定位，测量航迹和水面高度。当水面比较平静，测线靠近岸边时，也可采用经纬仪等其他测量仪器定位。

7.6.5 水域地震波法观测系统可根据具体工作条件，采用固定排列观测方式或走航式观测方式。反射波法可选用多次覆盖观测系统；折射波法可选用单重或多重观测追逐相遇观测系统。

7.6.6 激发与接收系统布置应符合下列规定：
1 震源的沉放深度应根据观测系统的要求确定，走航式观测时应保持一致。
2 检波器放置深度应一致，可随漂浮电缆固定在水下1~5m的深度范围内，也可放置于水底。

7.6.7 数据采集应符合下列规定：

1 采用固定排列观测方式的观测船和激发船应抛锚定位，并将排列固定于缆绳上。作业时应监测有无溜锚导致船体移动，当电缆尾部摆动超过10°时，应抛锚固定。

2 走航式观测时，测量船在航行过程中宜沿测线保持定向行驶，航速宜为5km/h左右，且应保持航速稳定，航迹偏离设计测线不应大于1/4线距。在航行过程中应保持电缆沉放深度一致。

3 严禁在作业船航行的上游进行爆炸激发。

4 作业期间应每天早晚各测量一次水面高程。当一天之中水位涨落超过0.5m时，应采用固定时间间隔测量水位，并绘制水位变化曲线。

条文说明

由于测点的高程需要根据水位变化进行校正，因此作业期间观测并记录水位的变化十分必要。在水域地震波勘探时，一般选择在平潮期工作，每日工作前后测量水位高程，受潮汐涨落影响或水位变化大于0.5m的水域，通常采用固定时间间隔测量水位变化，并绘制水位随时间变化的曲线。

7.6.8 水域地震波法质量评价除应符合本规程第7.2节和第7.3节的有关规定外，尚应符合下列规定：

1 水中直达波及水底反射波应清晰可见，连续性好。

2 走航式观测时，航迹应满足测线定位精度的要求。

7.6.9 资料处理除应符合本规程第7.2节和第7.3节的有关规定外，尚应进行水底二次波消除和水位校正。

7.6.10 资料解释、图件应符合本规范第7.2节和第7.3节的有关规定。

7.7 水声法

7.7.1 水声法可用于水深大于2m的水域，探测水下的地形、地层结构及水下障碍物。

条文说明

水声法是利用声波的反射原理，通过发射探头向水底发射声脉冲，接收探头接收来自水底和地层分界面的反射波，随着测量船的航行，可获得直观而连续的水下地形、地层剖面记录。由于水声法的仪器设备是安装在轮机船上工作的，因此水深大于2m只是基本要求，有时还需要根据不同船型吃水深度、发射探头和接收探头的入水深度综合确定。

7.7.2 仪器主要技术指标应符合下列规定：
1 频带宽度 20Hz～15kHz。
2 放大器增益大于 150dB。
3 换能器灵敏度大于 $1\mu V/\mu bar$。

7.7.3 水声法测线布置应符合下列规定：
1 测线应平行路线走向或垂直探测对象走向并结合水域情况布置。
2 测线间距应根据任务要求的比例尺确定。
3 测点宜选用 GPS 实时定位，观测过程应对实际航线进行监测，确保航线符合要求。在河道、水库等小区域探测时，可采用其他测量方式。

7.7.4 水声法数据采集应符合下列规定：
1 使用分体式发射和接收探头时，发射换能器和接收换能器应分别安置于船体两侧，间距宜为 6～8m。
2 使用发射和接收装置一体化的拖鱼型探头，探头应安装水平，不宜离船太近，防止撞击船体并避免船体行驶对水下信号产生影响。
3 探头入水深度视波浪大小而定，水面平静时，入水深度宜为 0.5m。
4 测船应保持定向匀速行驶，航速应控制在 2m/s 以内，偏离设计航线的距离不得大于测线间距的 1/4。
5 观测期间应根据探测目的及地层结构，调整频率和接收灵敏度。
6 观测期间应测量水面高程，绘制水面高程随时间变化曲线。

条文说明

江河及海洋水位均可能在短时间存在较大涨落，将严重影响探测成果的精度，本条规定观测期间应测量水位高程，绘制水位变化曲线，其目的是利用实测的水位变化曲线对探测深度进行校正。

7.7.5 水声法质量评价应符合下列规定：
1 原始资料经检查应合格。
2 水下地形探测的深度误差应符合下列规定：
1）当水深不大于 20m 时，允许均方误差为 ±0.2m；
2）当水深大于 20m 时，允许均方相对误差为 ±1%。
3 水下探测地层剖面的深度误差应符合下列规定：
1）当水深不大于 20m 时，允许均方误差为 ±0.4m；
2）当水深大于 20m 时，允许均方相对误差为 ±2%。

条文说明

水声法原始资料检查是否合格，采用下列方法进行评价：
（1）原始资料检查同时满足下列要求者，评定为合格：
①仪器自检、校验记录合格，仪器工作参数设置正确；
②测线符合设计要求，起止点位置正确；
③船速均匀稳定，实测记录按每分钟间隔注记，单位时间内记录长度与实测距离误差小于10%；
④仪器班报与实测记录的编号、剖面号填写无误；
⑤水深探测时，水面至水底背景清晰，不影响水面至水底深度的确定；
⑥探测水下覆盖层厚度时，目的层反射界面明显，散射现象不致影响覆盖层厚度的确定。
（2）原始资料存在下列缺陷之一者，评为不合格：
①仪器班报与实测记录的编号、剖面号不符的记录；
②未注明勘测日期、起止位置、记录范围及没有计时曲线的记录；
③背景干扰严重，无法分辨目的层；
④由于船速不稳定，影响准确计算的记录；
⑤由于仪器故障造成记录单位时间长度不均，而不能使用的记录；
⑥工作期间没有测量水面高程；
⑦航线偏离设计剖面位置，测量定位误差超标。

7.7.6 水声法资料处理应符合下列规定：
1 平面图位置应按实测轨迹绘制。
2 数据处理应压制水底散射波和多次波，消除干扰噪声。
3 水位变化范围超过±0.5m时应进行高程校正。
4 发射和接收装置分设时，水深小于20m应进行偏移校正。
5 当水底存在疏松层时，计算水下地层厚度时应作速度校正。

7.7.7 水声法资料解释应符合下列规定：
1 定性解释应利用处理后的声波图像，对水下地形地貌和障碍物的形态进行分析。
2 计算深度应采用实测水中声波速度，有钻孔时应利用钻探资料对解释结果进行校正。

条文说明

水声法利用的是回声测距原理，测量的深度与声波速度成正比。由于声波在水中传播速度受水温、含盐浓度等多种因素的影响，水中声波速度随水温、含盐度的变化可按式（7-3）表示：

$$V = 1\,450 + 4.206T - 0.036\,6T^2 + 1.137(S - 335) \tag{7-3}$$

式中：V——水中声波速度（m/s）；

T——水温（℃）；

S——含盐度（%）。

一般情况下，淡水中的声波速度值为 1 460m/s；海水中的速度值为 1 500m/s，水中声波速度随水温、含盐度的变化范围介于 1 400～1 600m/s。因此，为保证解释精度，在计算深度时采用实测的声波速度。

7.7.8 水声法的图件宜包括下列内容：

1 测线（航线）平面位置图；
2 水声时间剖面图；
3 水下地形图；
4 解释的剖面图；
5 水下覆盖层等厚度图、基岩等高线图。

7.8 声波测试

7.8.1 声波测试可用于测定介质声波速度和工程质量无损检测。根据测试条件可选用声波透射法、声波折射法和声波反射法。

条文说明

声波与地震波相比具有频率高、波长短的特点，能分辨规模较小的异常体。由于其传播距离较短，公路工程中主要用于岩体质量评价和混凝土构件、隧道衬砌质量、基桩质量无损检测等。

声波测试与其他测试手段相比有其独特的优点，主要表现为仪器轻便、操作简单、快速经济、测试精度易于控制等。在公路工程质量无损检测中常用的测试方法有声波透射法、声波折射法和声波反射法等。具体应用如下：

声波透射法可用于测试岩体或混凝土纵、横波速度，并计算相关力学参数，探测不良地质构造、岩体风化卸荷带，洞室松弛圈测试及灌浆效果，基桩质量检测等。

声波折射法可用于大体积混凝土、基岩露头、探槽、竖井及洞室的声波速度测试，评价混凝土强度和岩体质量。

声波反射法可用于检测隧洞混凝土衬砌质量及回填密实程度、检测大体积混凝土及其他弹性体浅部缺陷。

7.8.2 声波测试仪器应定期检验，检验周期不得大于一年，主要技术指标应符合下列规定：

1 具有多个接收通道，适应不同测试任务的要求。

2　最小采样间隔不大于0.1μs。

3　接收放大器频响范围5~500kHz。

4　增益不小于80dB。

5　灵敏度高于30μV。

6　发射脉宽在1~500μs范围内可选。

条文说明

仪器的主要技术指标是依据近年来国内外仪器现状，结合公路行业普遍使用的声波仪器做出的规定。本条强调声波测试仪器定期检验，检验包括下列内容：

（1）仪器外观、操作按键功能及各项技术指标的检查；

（2）声波走时和速度的标定及校正。

7.8.3　声波测试应根据测试的目的及要求，通过试验选择偏移距、激发能量、仪器工作参数，并确定最大穿透距离。

条文说明

声波的最大穿透距离取决于被测介质的物性、结构和仪器的最大发射功率、发射频率等因素。由于测试前并不知道被测介质的物性参数和内部结构，无法通过理论计算获得声波的最大穿透距离。因此本条规定通过试验确定最大穿透距离。

7.8.4　采用声波透射法测试时，透射断面之间的距离应小于最大穿透距离。

7.8.5　采用声波折射法和声波反射法测试时，测网密度应能反映最小目的体的位置和形态。

7.8.6　声波测试观测方式的选择应符合下列规定：

1　声波透射法可选用双面对测、水平同步或斜同步观测方式。

2　声波折射法可选用单支或相遇时距曲线观测方式。

3　声波反射法可选用简单连续观测系统或等偏移距观测系统。

7.8.7　声波测试数据采集应符合下列规定：

1　应检查声波仪器及其附件的性能和技术指标，检查内容应包括仪器校验，配置换能器和电缆标记等。

2　应准确量测发射和接收间距。

3　在岩体或混凝土表面安置换能器时应打磨平整，并用耦合剂耦合。

4　激发的能量、频率及换能器的主频应满足测试目的。

5 观测过程应选择合适的增益，使振幅适当，有效波清晰。

7.8.8 声波测试原始记录评价应符合下列规定：
1 同时满足下列条件者应评定为合格记录：
1）仪器检验及标定记录合格；
2）观测方式正确，符合测试要求；
3）波形记录信噪比高、无溢出，初至起跳点可识别；
4）班报填写正确、齐全、整洁。
2 存在下列缺陷之一者应评定为不合格记录：
1）仪器检验不合格或无仪器检验、标定记录；
2）观测方法不正确；
3）波形记录干扰强，无法识别有效波和初至；
4）班报记录填写不全或未填写。

7.8.9 声波测试质量检查与评价应符合下列规定：
1 声波测试检查可采用激发和接收互换的方法，检查量不应少于总工作量的10%。
2 原始记录检查应合格。
3 原始观测应与检查观测的波形相似，并且在声幅图像上的异常无明显位移。
4 测试声波速度时，允许均方相对误差应为±5%。

7.8.10 声波测试数据处理与解释应符合下列规定：
1 声波数据应作高差校正、偏移校正等。
2 测试的波速数据应进行统计分析。
3 应按不同的测试方法绘制相应的数据表格、曲线、等值线或色阶图等。
4 根据测试目的对测试结果进行解释。

7.8.11 声波测试图表宜包括下列内容：
1 观测系统图；
2 声波速度统计表；
3 与测试方法相对应的各种曲线图、等值线图、波形图或色阶图等；
4 解释成果图表。

7.9 地脉动测试

7.9.1 地脉动测试适用于周围无连续性震动的场地微动测量，可为桥梁、隧道等构筑物抗震设计提供卓越周期和微振动幅值等参数。

条文说明

卓越周期是指引起工程场地最显著的某类地震波的一个谐波分量的周期，该周期不但与场地覆盖层厚度有关，还与土的剪切波速度有关，是公路工程抗震设计时的一个重要参数。

7.9.2 仪器技术指标除应符合本规程第7.1.2条的有关规定外，尚应符合下列规定：
1 具有良好的低频响应。
2 具有足够的带宽和增益。
3 性能稳定，能连续进行数小时的数据记录。

条文说明

本条对地脉动测试所使用仪器的主要性能指标进行了规定。由于地脉动测试的周期通常为0.5~10.0s，振幅为微米级。因此，要求地脉动测试仪器要灵敏度高、低频特性好、工作稳定可靠。

7.9.3 观测点的布置应符合下列规定：
1 每个工点的观测点数不宜少于4个。
2 布置观测点的地面应密实平整，表层土壤松散时应挖至密实土层后再布置。
3 水平检波器应平行和垂直于构筑物的轴线布置，垂直检波器应垂直于地平面，允许偏差为±10°。
4 测试场地附近存在区域性地质构造时，水平检波器应分别按平行和垂直构造走向设置。

条文说明

观测点的布置是否合适将直接影响地脉动测试的精确程度和代表性，如果观测点选择不好，微弱的信号可能会淹没于周围环境的干扰信号之中，给地脉动测试的数据分析处理带来困难。

对于检波器布置的规定，是基于场地的建筑物和地层、断裂构造等存在方向性。因此，要求平行和垂直于建筑物的走向，如果附近有区域性构造时，还要兼顾区域构造的走向，要求测点的水平检波器分别垂直和平行构造走向。

7.9.4 地脉动测试数据采集应符合下列规定：
1 观测应选在干扰程度较低的时段进行。
2 每个测点观测不应少于3次，每次观测的连续时间不应少于10min，两次观测间隔时间不应少于30min，重复观测宜隔日进行。
3 应准确记录观测点的位置、观测时间和周围条件。

条文说明

地脉动测试属于微动测量，大地振动频率低、幅度很小、易受外界振动干扰。因此，要求观测选在干扰程度较低的时段进行，通常情况下，深夜干扰震动最低，建议选择深夜观测。

7.9.5 地脉动测试记录质量评价应符合下列规定：

1 同时满足下列条件时应评定为合格：
1) 仪器自检记录合格；
2) 波形曲线无明显干扰杂波；
3) 记录时长及次数满足本规程第7.9.4条的规定；
4) 外业观测记录完整，无涂改；
5) 频谱曲线上卓越周期明显。

2 存在有下列情况之一者应评定为不合格：
1) 原始记录涂改或模糊不清，无法使用；
2) 连续观测时间少于10min；
3) 在连续观测时间周期内，干扰强烈、无法识别地脉动信号。

7.9.6 地脉动测试的数据处理应符合下列规定：

1 频谱分析前应剔除记录中的干扰信号。
2 离散采样累计时间应大于30s。
3 每个周期的采样点不应少于3点。
4 干扰较多的工点，应结合位移谱、速度谱及加速度谱特征综合分析。

条文说明

为了减少频谱分析中的频率混叠现象，事先对分析数据进行处理，当频谱图中出现多峰且各峰值相差不大时，在谱分析的同时结合位移谱、速度谱、加速度谱等综合分析，以便对场地振动的卓越周期进行综合评价。

7.9.7 地脉动测试的成果应包括测试报告、卓越周期和优势频率的振幅谱图。

8 磁法勘探

8.1 一般规定

8.1.1 磁法勘探适用于探测相邻介质之间磁性存在差异的地质体或铁磁性物体的分布及规模。根据作业条件可选用地面磁法或水域磁法。

条文说明

磁法勘探按其作业区域的不同分为地面磁法、水域磁法及航空磁法。三种方法所采用的磁测仪器、观测参量虽有一定差异，但依据的磁测理论是相同的。目前公路工程中使用较多的为地面磁法和水域磁法，航空磁法主要用于圈定磁性岩体范围和探测区域地质构造，由于航空管制等原因，一般由专业机构负责施测，公路及其他行业通过收集航空磁测资料分析研究区域地质情况。

8.1.2 磁力仪主要技术指标应符合下列规定：
1. 测量范围 20 000～100 000nT。
2. 分辨率不低于 0.1nT。
3. 日变观测仪器与测点观测仪器匹配。
4. 水域磁法观测仪器宜具有自动测量和 GPS 实时定位功能。

条文说明

自 20 世纪 80 年代以来，各勘察设计单位陆续淘汰了落后的机械式磁力仪，普遍使用比较先进的光泵磁力仪、质子旋进磁力仪和超导磁力仪等高精度仪器。基于上述原因，对于磁测仪器主要技术指标、日变校正、基点联测、质量检查与评价均按高精度磁测的要求进行规定。

8.1.3 仪器的校验、一致性测量应符合下列规定：
1. 校验点数应大于 50 个。
2. 校验点有一部分应位于较强异常区。
3. 同一工点使用多台仪器进行观测时，应进行仪器的一致性测量，允许均方误差为 ±2nT。

8.1.4 基点设置应符合下列规定：

1 总基点设于正常磁场上，附近无磁性干扰，在半径2.0m、高差0.5m范围内磁场变化小于1nT。

2 分基点设于平稳磁场上，附近无引起磁性变化的干扰源或电磁干扰信号，使用方便。

条文说明

磁测基点关系到磁法勘探的整体质量和探测效果。总基点是测区异常的起算点，即零值点，是否设置在正常磁场上决定了测区磁异常取值的合理性；分基点设置在磁场变化剧烈或存在磁性干扰的区域，直接影响磁测观测质量，设置在距离测线较远和交通不便利的地方，直接影响工作效率。因此，本条对磁法勘探总基点和分基点设置的规定，磁测中要严格执行。

8.1.5 基点联测应符合下列规定：

1 使用性能稳定、精度较高的仪器，联测仪器的分辨率不应低于观测仪器。

2 基点联测应选择日变和温度变化较小的时间段观测，缩短闭合时间，严格操作。

3 应采用闭合观测方法，并对观测结果进行平差。观测回次不应少于2次，每次测量取值数量不宜少于100个。

8.1.6 日变观测应符合下列规定：

1 日变站应安置在避风、安静、温差小、不受阳光直射、无磁性干扰的地方。

2 日变站的控制半径宜小于50km；地电条件复杂时，应通过试验确定。

3 日变观测磁力仪的精度不应低于外业观测磁力仪的精度。

4 日变观测应与外业观测达到秒级同步，日变测量时间间隔宜为5~30s。

5 日变观测应始于外业观测之前，止于外业观测结束之后。

8.1.7 日变校正应符合下列规定：

1 应采用日变观测磁力仪与外业观测磁力仪对接校正或采用计算机软件校正。

2 日变校正应使用总基点的地磁正常场值作为起算点，不得改变。

条文说明

8.1.6、8.1.7 磁测精度受地球磁场日变的影响较大，没有进行磁测日变校正的数据，其单个测点的差值可达100nT以上，加之经常有不同程度的磁暴及其他电磁场的干扰，引起磁场的随机变化，这些变化叠加在磁测数据中，如果不被有效地改正，就会造成磁测数据失真，导致勘探效果不佳，甚至出现错误的结果。因此，磁法勘探中要求做好日变观测，并进行日变观测和校正，这是保证磁测质量的重要环节。

8.1.8 试验工作应包括下列内容：

1 选择代表性地段查明测区磁场特征，包括强度、范围、梯度变化等，以确定磁参量及测网密度的选择是否合理。

2 查明重要干扰因素的大小和特征，分析消除或分辨干扰的可能性，确定信噪比。

3 在同一地段分别采用探头高度为0.5m、1.0m、2.0m、3.0m进行观测，分析表层磁性不均匀的影响，以选择探头高度。

8.1.9 测线布置应符合下列规定：

1 测线应垂直探测对象走向布置，线距应小于探测对象走向长度的1/2。

2 点距应保证最小探测对象在测线上至少连续3个测点有异常反应。

3 精测剖面的点距应保证观测曲线异常清晰和特征点明显。

条文说明

表述磁异常曲线的特征点包括正负异常极值点、曲线拐点、零值点等，这些特征点是磁法资料推断解释的重要参考点。

8.1.10 岩石标本磁参数测定应符合下列规定：

1 标本应在新鲜岩体上采集，并现场编号，记录采样的地点。

2 同一岩性标本数量不应少于30个，参数统计采用几何平均值。

3 测量标本的体积误差应小于5cm^3。

4 磁参数的测定灵敏度不应低于10^{-5}SI。

5 磁化率大于0.01SI时，应做退磁校正。

8.2 地面磁法

8.2.1 地面磁法可用于探测磁性岩体、区域地质构造、采空区和铁磁性物体的分布及规模。

8.2.2 地面磁法观测装置和磁测参量选择应符合下列规定：

1 探测与磁性介质有关的隐伏地质构造、岩体等宜采用总场观测装置，测量总磁场异常。

2 探测采空区应采用梯度观测装置，观测总磁场异常和总磁场垂向梯度异常。

3 探测地下管线等铁磁性位置应采用梯度观测装置，观测总磁场异常、总磁场垂向梯度异常和总磁场水平梯度异常。

4 在仪器设备功能具备的条件下，宜进行多参量磁测。

条文说明

地面磁法需要根据探测目的，磁性体的磁化方向、形状及埋深，结合仪器的测量能力选择观测装置和磁测参量。地面磁法的观测装置分为总场观测和梯度观测方式，总场观测采用单探头，梯度观测采用双探头，可观测总磁场异常、总磁场垂向梯度和总磁场水平梯度等。

8.2.3 地面磁法数据采集应符合下列规定：

1 日变观测和测点观测前均应进行去磁检查。

2 探头的高度和方向均应保持一致，探头高度允许偏差为±10%，探头方向允许偏差为±10°。

3 相邻测点磁测数据变化较大时应重复观测，并加密测点。

4 每个闭合单元内的观测，宜始于基点和终于基点。

5 观测时遇有事故，仪器性能可能发生变化时，应回到基点上或在事故前观测过的3~5个点上重复观测，确认仪器性能正常后方可继续观测。

6 测点附近有磁性物体干扰时，可垂直测线左右移动，移动距离不超过1/2点距，并详细记录干扰情况。

7 遇有磁暴或强电磁影响时应停止观测，待其结束后继续观测。

8 测区边缘发现异常时应追踪观测。

条文说明

由于铁磁性物体靠近观测仪器时，会引起观测数据的较大变化，甚至造成假异常。去磁检查的目的在于消除操作员随身携带的铁磁性物体，如手表、小刀、皮带扣、钥匙等。在磁测数据采集前，操作员要严格进行去磁检查。

本条强调每个闭合单元内的观测，始于基点和终于基点的规定，主要目的在于确认一天或者一段工作时间内仪器性能是否正常。当在基点前后两次读数经日变改正后的差值超过两倍观测均方误差时，则全闭合观测单元的工作量报废，并查明仪器不正常的原因。对于长剖面工作，如一天内不能结束工作并回到基点进行观测，须在当日观测的剖面末端设2~3个连接点，次日观测从重复各连接点开始，并于剖面观测结束后回到基点观测。

8.2.4 地面磁法观测质量检查与评价应符合下列规定：

1 测区质量检查除应符合本规程第3.2.6条的有关规定外，精测剖面的检查点应大于剖面总测点的10%。

2 磁场强度允许均方误差为±5nT，按式（8.2.4）计算：

$$m = \pm \sqrt{\frac{1}{2n}\sum_{i=1}^{n}(\Delta T_i - \Delta T'_i)^2} \quad (8.2.4)$$

式中：m——均方误差（nT）；

ΔT_i——第 i 点经日变校正的原始观测值（nT）；

$\Delta T_i'$——第 i 点经日变校正的检查观测值（nT）；

n——检查的总点数。

条文说明

定量解释通常使用精测剖面的观测数据，观测数据中的畸变点会对解释结果产生较大的影响，为确保观测质量，要求全区检查工作量不低于5%，而精测剖面的检查量要求不低于10%，通过增加的精测剖面检查量消除或压制畸变点、可疑点对解释的影响，是确保解释精度和探测效果的重要措施。

8.2.5 地面磁法数据处理应符合下列规定：

1 正常场的校正使用高斯球谐法，计算地磁场参考场值应采用国际上最新公布的球谐系数。

2 应使用当天的日变观测数据进行日变校正。

3 高度校正应以总基点的高程为起点。

4 各种校正值的计算应精确到0.1nT。

8.2.6 地面磁法资料解释应符合下列规定：

1 应根据磁测数据绘制反映测区磁异常特征剖面图和平面等值线图。

2 定性解释应结合现场地质情况、试验成果和正演结果综合分析异常特征，并确定异常体的性质，推断磁性体的平面位置。

3 定量解释应选择曲线形态规则、异常完整的典型剖面和精测剖面进行反演，确定磁性体的分布、形态及埋深。

4 应根据磁性参数资料和磁异常特征确定磁性体的磁化方向和特征。

5 测区有钻孔时，解释结果应利用钻探资料校正。

条文说明

磁法反演一般采用正演拟合的方法，其中初始参数的设置非常关键，尽量利用已有磁性参数和钻探资料作为边界条件，选择曲线形态规则、异常简单的剖面曲线进行反演，其解释结果更合理。

8.2.7 地面磁法图件宜包括下列内容：

1 磁测参量平面、剖面曲线图；

2 磁测参量平面等值线图；

3 典型剖面反演剖面图；

4 解释的平面图、剖面图。

8.3 水域磁法

8.3.1 水域磁法可用于水域探测地质构造、地下管线及沉船的位置等。

8.3.2 水域磁法的观测装置和磁测参量选择应符合下列规定：
1 平静水域可进行 ΔZ、ΔH 等多参量磁测。
2 风浪较大的水域宜采用总磁场观测装置，测量总磁场 ΔT 异常。

8.3.3 水域磁法数据采集应符合下列规定：
1 磁力仪宜放置在无磁性的船只上，仪器安装完成后，应进行联机测试。
2 工作船应匀速前进，施测期间拖鱼与船体之间的拖缆长度应保持不变。
3 拖缆应采取抗拉抗磨损措施，发现拖缆变形或破损应及时处理；遇到恶劣海况、拖缆受损等情况时，应立即停止观测。
4 记录时间宜采用当地标准时间。
5 磁力仪采样率宜取 1s。
6 当测线分段采集时，应重复 2 倍拖缆长度以上航段。
7 需要补测时，补测测线段应与合格测线段重复 2 倍拖缆长度以上航段。
8 观测中应详细填写班报，尤其在上线、下线和出现异常情况时，应注明时间和仪器工作情况。

条文说明

无磁性船只一般指木船或橡皮船等，在需要动力的水域进行磁法勘探时可采用拖曳式，使磁力仪远离磁性船体。

8.3.4 水域磁法的质量检查与评价应符合下列规定：
1 班报记录应真实反映当天作业情况。
2 连续缺失记录应小于测线长度的 10%。
3 航线与设计测线在相应工作比例尺的平面上允许偏差为 ±2mm，超限的记录长度应小于测线长度的 10%。
4 总磁场强度和梯度观测值的允许均方误差为 ±10nT。

8.3.5 水域磁法数据处理除应符合本规程第 8.2.5 条的有关规定外，尚应以实际航行的方向进行磁方位校正。

8.3.6 水域磁法资料解释应按本规程第 8.2.6 条的有关规定执行。

8.3.7 水域磁法图件除应符合本规程第 8.2.7 条的有关规定外，尚应包括磁测工作航线图。

9 放射性勘探

9.1 一般规定

9.1.1 放射性勘探适用于探测采空区或放射性岩体的分布范围，查找隐伏断裂构造的位置和地下水源等。根据地质条件和工作条件可选用伽马测量法或氡气测量法。

条文说明

放射性勘探是利用探测对象与相邻介质之间的伽马射线强度或氡气浓度的差异，通过观测放射性物质的辐射强度或浓度，研究其分布规律，达到解决地质问题的目的。本条对放射性勘探的探测内容和探测方法进行了规定。

9.1.2 放射性勘探除应符合本规程第3.1.1条的规定外，尚应具有下列条件：
1 覆盖层无潜水层等"屏蔽"层。
2 表层均匀、无大范围的扰动土。

条文说明

放射性勘探研究的是放射性物质的迁移及富集规律，不同于其他的物探方法，对其使用条件说明如下：

（1）由于潜水层对放射性物质及射线有较强的吸收和屏蔽作用，导致在地表无法有效测量放射性物质的强度和浓度。因此，当存在潜水层时，不适宜进行放射性测量。

（2）表层土壤受人工扰动、环境污染的影响，改变了原始土层的结构和成分，也会影响放射性物质的分布，因而在进行放射性勘探时尽量避开上述地段。

9.1.3 试验工作宜在已知地段上开展不同比例尺的测量，与已知地质情况对比，确定测网密度。

9.1.4 测线布置应符合下列规定：
1 测线应沿路线走向或垂直探测对象走向布置。探测隐伏断裂构造时，测线数量不宜少于3条。
2 探测采空区和放射性岩体的平面分布范围时应布置测网，测网密度应通过试验确定。

9.1.5 放射性勘探的质量检查除应符合本规程第3.2.6条的有关规定外，尚应对异常区作重点检查，检查曲线与原始曲线的形态应相似，异常位置应一致。

9.1.6 放射源的使用、保存、运输应符合下列规定：

1 放射源的使用、保存、运输以及放射性观测应符合现行《电离辐射防护与辐射源安全基本标准》（GB 18871）和《环境地表γ辐射剂量率测定规范》（GB/T 14583）的有关规定。

2 放射性同位素保存场所应有并悬挂《放射性同位素工作许可证》《放射性同位素安全许可证》和《放射性同位素工作登记证》。

3 放射源在领取、送还途中应有专人负责，以防丢失。

4 放射源使用完后，应保存在专用保险柜中，做到账物相符，经保管员检查合格后入库保存。

9.2 伽马测量法

9.2.1 伽马仪主要技术指标应符合下列规定：
1 测量范围 $0 \sim 1\,000\,\mu R/h$。
2 灵敏度不低于 $1\,\mu R/h$。
3 伽马仪谱段可调，有稳谱装置，读数允许相对误差为10%。
4 测量范围、线性度符合出厂指标规定。

9.2.2 使用伽马仪前应在已知含量的平衡铀饱和模型中进行标定，标定的放射源宜选用5号或6号镭源。

9.2.3 伽马测量法数据采集应符合下列规定：
1 同一测线宜由同一台仪器在同一标定周期内完成。
2 在地面、钻孔、隧道等进行自然伽马射线强度测量时，仪器探头应紧靠地面、孔壁或洞壁。
3 观测时应待其读数稳定后，读取3~5个数据，记录其算数平均值作为观测值。
4 异常点应做重复观测，并加密测点。
5 应记录每个点的地层岩性、地质构造及干扰情况。

9.2.4 伽马测量法的原始资料除应符合本规程第3.1.3条的有关规定外，尚应有仪器灵敏度检查曲线和仪器稳定性曲线。

条文说明

伽马仪容易受环境温度、湿度、气压等变化的影响,通过分析仪器灵敏度和仪器稳定性检查曲线,能够确定仪器的工作状态是否正常。本条规定是保证放射性数据采集质量的重要措施。

9.2.5 伽马测量法应按地质单元分段统计射线强度的背景值。

9.2.6 伽马测量法资料解释应符合下列规定:
1 伽马射线强度高于背景值3倍时,应确定为异常。
2 参与解释的异常应重复性好、分布特征明显。
3 因观测条件变化引起观测数值的变化时,应查明原因后进行解释。
4 应根据覆盖层厚度、沉积环境、植被发育情况、岩石风化程度、水系特点等综合判断放射性物质来源和储存部位。
5 应根据异常产生的地质背景和分布特征,判断异常体的性质并圈定其分布。

9.2.7 伽马测量法图件宜包括下列内容:
1 实际材料图;
2 仪器灵敏度检查曲线图和仪器稳定性曲线图;
3 放射性测量剖面曲线图和平面等值线图;
4 解释的剖面图、平面图。

9.3 氡气测量法

9.3.1 氡气测量法应根据探测目的和工作条件选择测量方法,可选用α卡测量,岩土取样^{210}Po测量。

9.3.2 仪器的主要技术指标应符合下列规定:
1 测量范围3~100 000Bq/m^3。
2 灵敏度不低于1cpm/(Bq/m^3)。
3 探测射线的效率不低于60%。
4 使用环境温度-5~+40℃;湿度0~95%,非冷凝。
5 读数允许相对误差为15%。

9.3.3 氡气测量法数据采集应符合下列规定:
1 测区覆盖层厚度应大于30cm。
2 α卡测量的收集器应埋置在深度大于30cm的原状土中,坑底要平坦,无杂物,不得埋置在道路、建筑物及人畜活动场所,埋置时间宜为4~8h,两次测量的时间间隔宜大于 4h。

  3 下雨或刚下过雨不宜测量。

  4 岩土取样 ^{210}Po 测量的取样深度宜在 40~50cm，取样质量不少于 100g，取样与测试时间间隔不得大于 1 周。

  5 测量过程应详细记录测点附近的地形地貌、地层岩性、地质构造及干扰情况，遇人工堆积污染应圈定其范围，并说明其性质。

9.3.4 氡气测量法背景值确定应符合本规程第 9.2.5 条的规定。

9.3.5 氡气测量法资料解释应符合下列规定：

  1 氡气测量法的幅值为背景值 3 倍时应确定为异常。当覆盖层较厚、有水体屏蔽或在断层破碎带上，氡气浓度为背景值 1.5 倍时，也应确定为异常。

  2 应排除人工污染及放射性沉积物等因素的影响，并分析异常的性质。

  3 应根据氡气产生的地质背景、地球化学条件以及氡气迁移的物理条件进行综合推断解释。

条文说明

  对氡气测量法异常解释说明如下：

  （1）当覆盖层较厚或有水体屏蔽时，影响了断层破碎带和地下储水构造带上放射性物质的向上迁移和富集，致使异常强度减弱。因此，本条根据以往的工程经验，规定在引起放射性异常的地质控制因素明确的情况下，氡气浓度高于背景值 1.5 倍时也可确定为异常。

  （2）氡气测量法的数据易受地表水、土壤扰动、人工污染等影响，基于这一考虑，在进行地质解释时要求先排除人工污染及放射性沉积物等因素引起的氡气异常。

  （3）综合推断解释包括下列内容：

  ①从岩性构造、破碎带出露形态和分布范围，确定异常产生的地质背景。

  ②由坡积物、冲积物的沉积环境，植被发育情况，岩石风化程度，水系特点及原生晕、次生晕、水晕等发育情况，判断氡气的来源、储存条件、迁移规律及产生的地球化学条件。

  ③根据岩土体各层发育情况、孔隙度、地表屏蔽条件、通气条件综合判断氡气迁移的物理条件。

  ④根据氡气异常的强度和分布特征，结合现场地质条件综合分析，推断地质体的性质、位置及规模。

9.3.6 氡气测量法图件应符合本规程第 9.2.7 条的有关规定。

10 地球物理测井

10.1 一般规定

10.1.1 地球物理测井适用于探测孔壁及钻孔周围的地质情况，测量井温、井径、井斜，测试岩土体物性参数等。

条文说明

地球物理测井是通过在钻孔中沿井壁进行一系列的物性参数测量，实现划分钻孔地质剖面，了解钻孔结构等。近年来地球物理测井技术在公路工程地质勘察、工程质量检测和物性参数测试等方面的应用日趋广泛，如地震波速测井用于场地类别划分，电测井用于含水层的确定，声波测井用于隧道围岩等级划分，以及电视测井配合钻探在溶洞、采空区勘探中都发挥了较好的作用。

10.1.2 地球物理测井应根据具体的任务、目的和要求，结合钻孔测试条件确定适宜的方法，可选择电测井、地震波速测井、声波测井、超声波成像测井、放射性测井、电视测井和井温测量、井径测量、井斜测量等。

10.1.3 实施测井的钻孔应符合下列规定：
1 钻孔周围应具有测井仪器设备安置的条件。
2 钻孔深度应大于要求测试深度5m，且孔底沉渣不得大于2m。
3 钻孔内易坍塌、掉块等不安全井段应有可靠的保护措施。
4 电测井、地震波速测井、声波测井、超声波成像测井、井温测量的钻孔或孔段宜有井液，无井液时应采用贴壁装置，确保与井壁紧密接触。
5 电测井、超声波成像测井、电视测井、井径测量的钻孔或孔段应无套管。

条文说明

井液是耦合剂，其作用是在井下的电极、换能器、检波器、传感器与井壁地层之间传导电流、声波、地震波和温度。因此要求部分测井项目在无井液时，要采用贴壁装置，确保传感器与井壁紧密接触。

钻探过程中由于孔壁破碎，需要使用套管保护孔壁，套管的材质通常为金属或

PVC。由于金属套管为低阻良导体，会导致电流沿套管传导；PVC套管具有很好的绝缘性能，阻止电流流入井壁岩土体，电流主要沿孔液传导，从而使电测井数据无法反映孔壁岩土体的电性特征。

当钻孔中有金属套管时，由于声波在金属套管的传播速度比孔壁岩体高，声波沿金属套管滑行，从而使声波测井失去探测能力。

10.1.4 仪器主要技术指标应符合下列规定：
1 电测井仪器应符合本规程第5.1.2条的规定。
2 地震波速测井仪器设备应符合本规程第7.1.2条的规定。
3 声波测井、超声波成像测井仪器应符合下列规定：
1）最小采样间隔不大于0.1μs。
2）声时测量误差不大于0.1μs。
3）声幅测量误差不大于3%。
4）频响范围10～500kHz。
5）发射电压范围100～1 000V。
6）发射脉宽范围1～500μs。
4 放射性测井仪器应符合本规程第9.2.1条的规定。
5 井温测量分辨率应不低于0.1℃，热惯性应不大于3s。
6 井径仪器测量误差应不大于5mm。
7 井斜仪器顶角测量误差应不大于0.5°，方位角测量误差应不大于4°。

10.1.5 地面仪器对地、绞车集流环对地以及电源对地的绝缘电阻应大于10MΩ；电缆芯对地、电极之间、井下仪器线路与外壳之间的绝缘电阻应大于2MΩ。

10.1.6 测井设备安置应符合下列规定：
1 绞车与滑轮应保持通视并固定，下井电缆应位于钻孔中心。
2 传动装置的深度累计误差应小于0.5%。
3 下井前应检查测井设备及电缆、电极系、传感器等附属设备的绝缘性能，并进行漏电检测。

条文说明

传动装置包括绞车、滑轮与电缆，三者会直接影响测井电缆长度的测量，而电缆长度的测量误差是造成测井深度误差的重要因素，基于这一考虑，结合目前设备现状及工程经验，对测井深度记录的累计误差作了应小于0.5%的规定。

测井设备及其附属设备受工作条件的影响，容易受到磨损，导致其破损或绝缘性能降低，从而影响观测精度，尤其井下设备及电缆，由于处在有井液的高压环境中，一旦发生漏电，将引起观测数据失真，甚至导致测井资料作废。因此，下井前要检查测井设备及电缆、电极系、传感器等附属设备的绝缘性能。

10.1.7 工作程序应符合下列规定：

1 测井前应收集钻孔编录资料，了解钻孔地层结构、岩体完整程度、套管深度及孔壁情况。

2 应通过现场试验选择观测装置和工作参数。

3 电视测井测试前应清洗钻孔。

4 下井前应对井下设备的密封性和电缆的绝缘性进行检查，以防漏电，并宜利用与下井仪器的直径和长度相当的重锤进行探孔。

5 井液电阻率测量、井温测量及钻孔电视应自上而下观测，其他测井方法宜在电缆提升过程中观测。

条文说明

对测井工作程序需注意的问题说明如下：

（1）下井前使用重锤预先探孔十分必要，其目的是及时了解钻孔的结构和安全状况，以便采取必要的措施，避免出现塌孔、卡孔和损坏设备情况的发生，确保井下设备的安全和测井工作的顺利实施。

（2）由于下放电缆时，往往不能保证电缆处于拉直状态，造成测井曲线深度误差，甚至出现错误，所以规定在提升电缆时进行测量。但在进行井液电阻率和井温测量时，电缆下放会扰动井液，故这两种测量要求在下放电缆时进行测量，此时需特别注意防止井下探头受阻而造成测井数据的错误。

10.1.8 质量检查应在离场前复测和检查观测，检查点应布置在异常位置或重要井段，检查工作量不应少于测井工作量的10%。检查观测的数据、曲线应与原始观测基本一致，并满足相应方法的要求。

条文说明

由于影响钻孔孔壁稳定的因素很多且难以人为控制，因此测井工作要求在离场前对测井数据进行复测和检查观测。

10.1.9 原始资料有下列情况之一者，应重新观测：

1 在测量井段连续漏掉两个以上深度记号。

2 连续测量时，测井曲线数据有5%以上的漏记、断记或畸变。

3 测井过程的升降速度不满足相应方法的要求或记录曲线不合格。

4 数据观测质量不满足要求。

10.1.10 测井资料整理与解释应符合下列规定：
1 根据曲线特征点及标志层的位置结合钻探资料对测井曲线进行平差处理。
2 采用同一深度坐标将钻孔柱状图和各种测井曲线依次并列绘制在同一张图上，进行综合分析。
3 利用测井曲线统计各地质层的物性参数。
4 与钻孔资料进行分析对比，对各种参数的测井曲线进行综合地质解释。

条文说明

测井资料解释主要是根据测井曲线特征，结合地质、钻探、土工试验、原位测试等资料，确定钻孔剖面岩土分层的深度、厚度及物性参数等。

10.1.11 测井的图表宜包括下列内容：
1 测井曲线图或孔壁展开图像；
2 各参数统计分析表；
3 与测井方法相对应的各种解释曲线、图表。

10.2 电测井

10.2.1 电测井可用于划分钻孔地层岩性，测定岩土体电性参数及井液电阻率，确定含水层位置和厚度，区分咸淡水等。

10.2.2 电测井的电极系、电极距应根据探测目的合理确定。测定井液电阻率宜选用电位电极系；测定岩体电性参数及划分钻孔岩性宜选用梯度电极系。

10.2.3 地面供电电极（B极）、固定测量电极（N极）应接地良好，远离高压线或工业游散电流干扰。

10.2.4 电测井数据采集应符合下列规定：
1 钻孔无井液时，应采用贴壁装置，确保电极与井壁紧密接触。
2 电阻率测井过程出现负值或零值电阻率时，应查明原因，消除故障后重新测量。
3 电流测井应减小线路电阻及地面电极的接地电阻，并确保恒压供电，记录电流曲线时应检查并确定增量方向。
4 自然电位和激发极化测量应采用不极化电极。使用金属重锤时，测量电极距离重锤应大于2m。
5 激发极化测井在电缆下放时测量宜采用底部梯度电极系；提升电缆时测量宜采用顶部梯度电极系。
6 测量一次场电位差和二次场电位差时均应注意电极极性。

7 自然电位和激发极化测量应采用点测方式观测。

8 电阻率测井可连续观测,测量速度宜小于10m/min。

10.2.5 电测井数据观测精度应符合下列规定:

1 电位差、电流测量允许相对误差为3%。

2 视电阻率允许均方相对误差为±5%。

3 自然电位测量允许绝对误差为5mV。

4 视极化率允许均方相对误差为±5%。

10.2.6 电测井资料解释应符合下列规定:

1 利用电测井曲线求取电性参数时,应考虑相邻地层的影响,取完整、厚层围岩中段电性参数值。

2 自然电位和激发极化解释时,应考虑井液矿化度、井径以及岩层电阻率等因素的影响,并进行相应的校正。

3 电测井用于水文测井时,宜结合井温曲线综合分析,定性比较岩层的含水性和渗透性。

10.3 地震波速测井

10.3.1 地震波速测井可用于划分钻孔地层岩性,测定岩土体的纵、横波速度,评价场地类别。

10.3.2 检波器应与孔壁紧密耦合,无井液时应采用贴壁装置,使检波器与孔壁紧密接触;有护壁套管时,套管与地层应胶结良好。

10.3.3 点距应根据地层厚度确定,宜为0.5~2.0m;测点的累计深度误差应小于钻孔深度的1%。

10.3.4 观测方式应根据测井目的和工作条件确定,可选择单孔法或跨孔法。

10.3.5 单孔法数据采集应符合下列规定:

1 激发纵波可采用锤击金属板或落重震源,震源距孔口的距离宜为2~5m。

2 横波测试的垫板宜采用条状板,条状板的短轴应对准井孔中心,距离井孔2~5m,上面堆压重物应超过500kg。

3 横波测试应采用两端激发,采集的波形应相位相反,初至时间相等,否则应重复观测。

4 钻孔层位变化处应加密测点。

10.3.6 跨孔法数据采集应符合下列规定：

1 震源孔和接收孔的间距在土层中宜为 2～4m，在岩层中宜为 5～8m。
2 震源和检波器宜置于同一层位的相同高度。
3 波形初至不清晰或相位的延续性不良的测点应重复观测。
4 异常及层位变化处应加密测点。
5 孔深大于 15m 时应进行井斜测量。

10.3.7 地震波速测井允许均方相对误差为 ±5%。

10.3.8 地震波速测井资料整理与解释应符合下列规定：

1 资料整理除应符合本规程第 10.1.10 条的有关规定外，尚应对井斜测量记录进行整理。

2 单孔法测试的波速计算应符合下列规定：

1) 根据波形记录确定初至时间。
2) 单孔法波速 V 按式（10.3.8-1）计算；地震波沿井壁传播的垂直时间 t 按式（10.3.8-2）计算：

$$V = (H_n - H_{n-1})/(t_n - t_{n-1}) \quad (10.3.8\text{-}1)$$

$$t = t' \cdot H / \sqrt{H^2 + d^2} \quad (10.3.8\text{-}2)$$

式中：H_n——第 n 测点的深度（m）；

H_{n-1}——第 $n-1$ 测点的深度（m）；

t_n——孔口地面至第 n 测点之间波的传播时间（s）；

t_{n-1}——孔口地面至第 $n-1$ 测点之间波的传播时间（s）；

t'——震源至测点之间波的传播时间（s）；

H——测点深度（m）；

d——震源中心至钻孔中心的水平距离（m）。

3) 以深度 H 为纵坐标，时间 t 或速度 V 为横坐标，绘制时距曲线图和深度-速度曲线图。

3 跨孔法测试的波速计算应符合下列规定：

1) 当测试深度大于 15m 时，应根据井斜测量资料校正两接收钻孔同一高程测点之间的距离 L。

2) 纵波速度和横波速度可分别按式（10.3.8-3）和式（10.3.8-4）计算：

$$V_p = \frac{L}{\Delta t_p} \quad (10.3.8\text{-}3)$$

$$V_s = \frac{L}{\Delta t_s} \quad (10.3.8\text{-}4)$$

式中：V_p——地层纵波速度（m/s）；

V_s——地层横波速度（m/s）；

L——同一高程两接收点之间的距离（m）；

Δt_p——纵波传播的时间差（s）；

Δt_s——横波传播的时间差（s）。

3）以深度 H 为纵坐标，速度 V 为横坐标，绘制深度-速度曲线图。

10.3.9 使用横波速度划分工程场地类别应符合下列规定：

1 各地层的横波速度宜根据钻孔波速测试曲线求取。

2 等效横波速度可按式（10.3.9）计算：

$$V_{se} = \frac{H}{\sum_{i=1}^{n} \frac{h_i}{V_{si}}} \qquad (10.3.9)$$

式中：V_{se}——等效横波速度（m/s）；

H——计算深度（m），取覆盖层厚度和 20m 两者较小者；

h_i——计算深度内第 i 层的厚度（m）；

V_{si}——第 i 层的横波速度（m/s）；

n——计算深度内的土层数。

3 无钻孔测试条件时，可利用瑞利面波法的频散曲线求取各地层的横波速度和等效剪切波速度，但应利用当地经验进行校正。

4 采用横波速度划分工程场地类别应按现行《公路工程地质勘察规范》（JTG C20）的有关规定执行。

10.3.10 地基土的动剪切模量 G_d、动弹性模量 E_d、动泊松比 μ_d 可分别按式（10.3.10-1）、式（10.3.10-2）和式（10.3.10-3）计算：

$$G_d = \rho V_s^2 \qquad (10.3.10\text{-}1)$$

$$E_d = \frac{\rho V_s^2 (3V_p^2 - 4V_s^2)}{V_p^2 - V_s^2} \qquad (10.3.10\text{-}2)$$

$$\mu_d = \frac{V_p^2 - 2V_s^2}{2(V_p^2 - V_s^2)} \qquad (10.3.10\text{-}3)$$

式中：ρ——介质密度（kg/m³）；

V_p——地层纵波速度（m/s）；

V_s——地层横波速度（m/s）。

10.4 声波测井

10.4.1 声波测井可用于测定岩体的声波速度；划分钻孔地层岩性；评价岩体风化程度及完整性。

10.4.2 声波测井宜采用一发双收观测系统。收发距宜为0.20~1.00m，接收器间距宜为0.20~0.50m。

10.4.3 声波测井数据采集应符合下列规定：
1 观测前应作时差和零位检查。
2 两接收道的波型应相似，信噪比应大于5。
3 当初至波不能反映滑行波时，应采取有效措施，待确认滑行波特征后方可进行正式观测。
4 测井深度比例尺为1:200时，连续观测速度不宜大于10m/min；测井深度比例尺为1:50时，连续观测速度不宜大于5m/min。
5 原始观测应与重复观测的波形一致。
6 声波测井应测量岩芯的波速。

10.4.4 声波测井的速度允许均方相对误差为±5%。

10.4.5 声波测井资料解释应符合下列规定：
1 应根据曲线变化分段求取对应岩性段的平均声速，并分层进行解释。
2 应采用实测数据计算岩体的波速比和完整性系数，评价钻孔岩体的风化程度和完整程度。岩体的波速比应按式（10.4.5-1）计算；岩体的完整性系数应按式（10.4.5-2）计算：

$$k_v = V_p/V_{pr} \tag{10.4.5-1}$$
$$K_v = (V_p/V_{pr})^2 \tag{10.4.5-2}$$

式中：k_v——岩体的波速比；
K_v——岩体的完整性系数；
V_p——岩体纵波速度（m/s）；
V_{pr}——岩石纵波速度（m/s）。

10.5 超声波成像测井

10.5.1 超声波成像测井可用于获取孔壁的展视图像，探测孔壁的孔洞、裂隙发育情况及完整程度，判定断层和软弱夹层的倾向、倾角、厚度等。

10.5.2 超声波成像测井应采用大尺寸的聚焦换能器，换能器应与井液直接接触。

10.5.3 超声波成像测井图像采集应符合下列规定：
1 观测仪器下井前应进行声反射和磁扫描的监视检查。
2 深度比例尺应根据观测精度的要求确定。

3 测量速度不宜大于4m/min。
4 记录的深度和方位应检查无误，图像应清晰。

10.5.4 超声波成像测井资料解释应符合下列规定：
1 应对井壁地质现象进行定性描述，并计算岩脉、裂隙、断层及软弱夹层的倾向、倾角及厚度。
2 孔斜大于5°时，解释结果应利用井斜测量资料进行深度校正。

10.6 放射性测井

10.6.1 放射性测井可用于测定钻孔中岩土体的放射性强度和密度，追踪地下水的流速流向等。根据测井目的可选用伽马测井和同位素示踪法测井。

10.6.2 伽马测井数据采集应符合下列规定：
1 检查仪器及探管工作正常后，在目的层井段观测时间应大于测井时所选用时间常数的10倍，统计起伏的允许相对误差为5%。
2 放射源强度应能压制自然γ射线的干扰，主要目的层段应大于自然γ射线平均幅值的20倍。
3 连续观测时电缆的提升速度不宜大于5m/min。

10.6.3 同位素示踪法测井的数据采集应符合下列规定：
1 应根据探测目的和已知测井资料选择测量点位和同位素投放量。
2 观测前应记录仪器本底和装源后的底数。
3 在钻孔中自下而上进行测量，当钻孔中存在多个含水层时，应采用钻孔分隔器分层测试，测量完毕后应及时清洗投放器和探测器。

10.6.4 伽马测井的幅值允许相对误差为5%。

10.6.5 放射性测井资料整理与解释应符合下列规定：
1 定量评价地层中放射性物质含量时，应分析井径、套管及井底沉淀物的影响。井径变化时，应对观测数据进行校正。
2 采用伽马测井曲线划分地层岩性时，对于厚度大于3倍井径的地层岩性，宜利用半幅值点确定地层界面。
3 采用同位素示踪法时，应根据测量结果分析地层渗透性及地下水的流速、流向。

10.7 电视测井

10.7.1 电视测井可用于观察孔壁的孔洞、裂隙发育情况及完整程度，观察断层和软弱夹层的倾向、倾角、厚度等。

10.7.2 电视测井应在干孔或清水孔中进行。孔中井液透明度不够时，应用清水循环冲洗或加沉淀剂澄清。

10.7.3 电视测井图像录制应符合下列规定：
1 电视设备下井前应预先录制工程名称、钻孔编号、岩芯及钻孔附近地形地貌、场地环境等。
2 录制过程应详细观察并记录地质现象，并对主要地质异常进行追踪观察。
3 录制过程中每隔 10m 应对电视图像显示的深度与电缆标记深度进行校正，并进行记录。

10.7.4 井下录制的电视图像和罗盘显示的方位应清晰可辨，图像显示的深度与电缆标记深度允许绝对误差为 10cm。

10.7.5 电视测井资料解释应符合本规程第 10.5.4 条的有关规定。

10.8 井温测量

10.8.1 井温测量可用于测定地层温度，求取地温梯度。

10.8.2 井温测量应在停钻 48h 后进行，测量前不得扰动井液。采用综合测井时，井温测井应先于其他方法进行。

10.8.3 井温测量数据采集应符合下列规定：
1 测量前应进行井温仪校验，并用分辨率不低于 0.1℃ 的温度计测量液体温度，与井温仪测量结果对比，校验时不应少于 4 个温度改变值。
2 井温测量应在电缆下放时测量。电缆下放速度不应大于按式（10.8.3）计算的结果：

$$V = \frac{3\,600\delta}{\lambda \cdot \Delta} \tag{10.8.3}$$

式中：V——仪器下降观测的速度（m/s）；
　　　δ——井温测定的允许误差（℃）；

λ——井温仪自身的时间常数（s）；
Δ——钻孔中平均温度的变化率（℃/m）。

10.8.4 井温测量允许平均绝对误差应为 0.5℃。平均绝对误差可按式（10.8.4）计算：

$$\overline{\Delta} = \frac{1}{n}\sum_{i=1}^{n}|y_i - y_i'| \tag{10.8.4}$$

式中：$\overline{\Delta}$——平均绝对误差；
n——检测点总数；
y_i——第 i 点的原始观测值；
y_i'——第 i 点的检查观测值。

10.8.5 井温测量资料解释应绘制温度-深度曲线和温度梯度-深度曲线。

10.9 井径测量

10.9.1 井径测量可用于探测井径的变化情况，判断钻孔岩性坚硬程度及变形情况；为需要进行井径校正的其他方法提供参数。

10.9.2 井径测量数据采集应符合下列规定：
1 井径测量前后应分别在井场用套管校验仪器，校验记录不应少于 3 个，允许绝对误差为 5mm。
2 井径仪的供电电流必须用标准电阻进行测定，供电电流的变化对测量结果所造成的允许绝对误差为 5mm。
3 测量过程中当仪器进入套管后，应实际量测一段套管的内径，以检查曲线质量。
4 测速应小于 10m/min。

10.9.3 井径测量检查曲线应与原始测试曲线基本一致，井径测量允许平均绝对误差应为 5mm。

10.9.4 井径测量资料解释应符合下列规定：
1 应根据井径曲线的变化，确定井径扩大或缩孔的位置，定性判别岩层的相对软硬及完整程度。
2 井径测量数据应经孔斜资料校正，否则不得用于定量解释。

10.10 井斜测量

10.10.1 井斜测量可用于了解钻孔随深度的位置变化情况，为需要进行井斜校正的其他方法提供资料，并可用于滑坡监测。

10.10.2 井斜测量前应在校验台上对井斜仪进行校验。

10.10.3 井斜测量的数据采集应符合下列规定：
1 井斜仪下井前，应用罗盘给定顶角和方位角，并用井斜仪进行挂零测试，测试结果与给定值之差应符合本规程第10.1.4条的有关规定。
2 测速宜小于10m/min。
3 井斜变化较大的井段应加密测点。
4 同一钻孔分段测量时，其衔接处应重复测2个点以上。

10.10.4 井斜测量质量检查应符合下列规定：
1 井斜测定时，每测5个点做一个点的检查，每孔不少于3个检查点。
2 方位角测量允许绝对误差为4°。
3 顶角允许绝对误差为0.5°。

10.10.5 井斜测量应绘制钻孔位置投影平面图，计算钻孔的垂直深度、水平位移距离及偏移方位角。

11 报告编制与成果提交

11.1 一般规定

11.1.1 公路工程物探工作应及时整理、汇编中间成果资料，编制物探报告，并按要求提交成果。

11.1.2 物探报告应结构严谨、内容全面、重点突出、立论有据、结论明确、建议合理、文字简练、图表齐全。

条文说明

本条规定的目的在于提高公路工程物探报告的编制水平。目前物探报告编制中存在较为普遍的问题是物探与地质资料综合分析不够深入，抓不住重点，结论似是而非，工程建议缺乏针对性，甚至不合理。这就要求从事物探和检测的人员在工作中不断学习地质专业知识，增强综合分析能力，提高物探报告的编写水平。

11.1.3 物探报告编制所依据的原始记录、数据和图件应经编录、整理、检查、分析，确认无误后方可使用。

条文说明

原始资料是工程物探成果分析、资料解释和编写报告的基础，加强原始资料的编录、整理、检查工作是保证物探报告质量的基本要求。近年来，经常发现有些单位物探测试工作做了不少，但由于对原始资料检查、分析不够重视，不能如实反映实际情况，导致物探解释、推断、评价失误。因此，本条强调对编制物探报告所依据的原始资料应经编录、整理、检查、分析，确认无误后方能使用。

11.2 报告编制

11.2.1 物探报告编制的内容、深度和格式应与各阶段工程地质勘察、隧道超前地质预报、工程质量检测的要求相适应。

条文说明

需要说明的是公路工程地质勘察一般分为可行性研究、初步勘察、详细勘察等阶段，并按阶段编制工程地质勘察报告，物探报告作为工程地质勘察报告的一部分，为编制工程地质勘察报告提供基础资料。因此，物探报告需根据各勘察阶段的要求编制相应的物探报告。

11.2.2 物探报告应根据任务要求、工程特点、工程地质条件等具体情况，综合分析地质、物探资料进行编制，并应包括下列主要内容：

1　工程概况；
2　任务要求及目的、依据技术标准、工作完成情况；
3　地质概况及地球物理特征；
4　工作方法；
5　质量检查与评价；
6　资料处理与推断解释；
7　结论和建议等；
8　其他需要说明的问题。

条文说明

物探报告按用途一般分为勘探报告、检测报告和测试报告三种类型，由于物探项目的任务要求、工程特点、地质条件、施测环境等差别很大，要制订一个统一的适用所有项目要求的报告格式，显然是不切实际的。因此，本条只规定了物探报告编制的主要内容。

（1）报告中叙述地质概况和地球物理特征，重点要把与物探工作有关的地形、地貌、地层岩性、地质构造、工程地质、水文地质等条件和对应的地球物理条件、物性特征说清楚，二者的关系清楚了，采用的物探方法技术的合理性也就清楚了，同时也为物探资料分析和解释提供了依据。

（2）工作方法一般包括方法原理简述、测线布置、外业工作方法和技术、仪器设备及工作参数等。物探用于工程质量检测时，还需说明检测的内容及方法、抽样的原则、数量及频次等。

（3）质量检查与评价包括原始资料检查方法、检查精度和勘探质量分析与评价。

（4）数据处理与推断解释包括数据处理的方法和推断解释依据、成果分析与地质解释。其中地质解释要求根据任务要求，结合工程类型、工程地质条件综合分析。

（5）结论与建议需明确任务解决情况和探测成果、探测效果及成果验证情况，并对后续勘探、设计及施工提出合理建议。

11.2.3 物探报告的插图、插表宜包括测区位置图、方法原理图、代表性的曲线或图像、典型剖面对比分析图、物性参数统计表、工作量统计表、观测误差统计表等。

11.2.4 物探报告的附图、附表应根据各方法的技术要求编制，宜包括物探平面布置图、各方法专业分析图、综合解释成果图表等。

条文说明

本条强调对物探报告附图、附表的基本要求。附图作为物探报告的重要组成部分，是物探资料整理、数据处理和解释结果的集中体现，是报告文字论述的基础，尤其是综合解释成果图表在很大程度上反映物探报告的编制水平和质量。

各方法专业分析图是指由物探数据按各方法的技术要求绘制的专业图件，一般包括各种曲线图、剖面图、等值线图及图像等。

11.2.5 物探报告的文字、术语、符号、代码、计量单位应符合本规程和国家及行业现行有关标准的规定。

11.3 成果提交

11.3.1 物探成果应与地质、钻探、原位测试等其他勘探资料综合分析、合理利用。

条文说明

物探是通过观测和分析物理场的分布和变化来研究探测对象的性质、分布和规模，物理场的分布和强度变化不仅与探测对象的物理性质和几何形态有关，还与周围的地形、地质及干扰条件有关。物探是一种间接的探测手段，利用物探解决地质问题存在一定的局限性，解释结果也可能存在多解性的问题。因此，在使用物探成果时，要求结合地质调绘、钻探、原位测试及工程验证等资料综合分析利用。

11.3.2 中间成果或阶段性成果资料交付相关专业使用前，应经现场校核、审查，并说明使用的条件。

条文说明

公路工程物探项目有时存在周期长、工点多，需要与地质、钻探等相关专业相互配合，这就要求现场及时提交物探中间成果或阶段性成果资料。因此，本条特别强调中间成果要经校核、审查后方能现场交付相关专业使用，并说明使用条件。

11.3.3 物探报告应经各级校核和审查合格后，方可提交用户使用，并按有关规定进行归档。

12 作业安全与环境保护

12.1 一般规定

12.1.1 工程物探作业的特种人员应持证上岗，定期培训、检查和复审，并应确保掌握安全操作技能和特殊情况下的急救知识。

条文说明

　　公路工程物探特种人员包括电工、井下作业人员及从事爆炸、放射性作业人员等。受成本因素控制，在工程物探实际工作中，一些本来需要经过专业技能培训的特殊工种作业也经常由物探专业技术人员来完成，如爆炸作业、放射性作业等，存在着很大的安全生产隐患。所以本条强调特种作业人员要经培训合格，并持证上岗。

12.1.2 水域作业时，应评价所选方法对作业环境和水中生物的影响程度，并采取有效的预防措施。

条文说明

　　水域作业通常根据需要选用地震波勘探、电法勘探或磁法勘探。当采用水域地震波作业时，要求从环境保护角度出发，选择适宜的震源，并对所选震源可能对作业区水域生态及环境造成的影响程度做出评价，特别是采用爆炸震源时，要评估勘探作业对作业水域生态和动植物的影响程度，并采取有效防护措施，最大限度减少对水生动物植的伤害；电法勘探在水域应用较少，在水域进行电法勘探时主要考虑供电电流对水生动物的影响，避免水中鱼类触电事故发生；磁法勘探测量的是大地磁场，对水域环境影响甚微。

12.1.3 使用爆炸震源时，应提供安全性验算结果，确定爆炸危险边界，并进行危险源识别和安全性评价。

条文说明

　　本条强调使用爆炸震源的基本规定。由于在地震波勘探中，爆炸震源使用过程存在诸多不安全因素，不能靠经验决定炸药用量，更不能盲目使用未经专业技能培训的人员进行爆炸作业。不规范作业容易酿成安全生产事故。因此，从安全生产角度出发，规定在地震波勘探中采用爆炸震源作业时，需提供安全性验算结果并进行安全性评价。

12.1.4 物探作业时，应对存在影响人身安全的区域设置隔离设施和明显的警示标志，同时应部署警戒人员或警戒船，非工作人员严禁进入作业区。

条文说明

物探作业时，非作业人员靠近爆炸震源或供电电极等位置时，容易被炸伤或发生触电事故。因此，本条强调非作业人员严禁进入作业区，其目的在于消除安全隐患、避免发生安全生产事故。

12.1.5 物探作业人员应根据具体作业环境配备相应的定位或通信工具，并确保在工作区域内能正常使用。

12.2 仪器设备管理和运输

12.2.1 物探仪器在运输过程中应采取有效的防震、防雨措施。

12.2.2 外业观测时，操作员不得擅自离开仪器，必须离开时，应指定专人看管。

12.2.3 仪器应置于干燥、通风和无腐蚀性气体处。长期不用时应妥善保管。

12.2.4 仪器设备应建立履历簿，使用和检修情况应及时记载在履历簿上。

12.3 仪器用电作业安全

12.3.1 野外作业用电应在保证观测精度的前提下采用较低的电压。

12.3.2 外接电源的电压、频率等应符合仪器和设备的有关规定。

12.3.3 仪器和设备接通电源后，作业人员不得离开作业岗位。

条文说明

人体可承受的安全电压小于36V，由于不少物探设备和用电设备的工作电压大于36V，一旦发生触电事故，会对人体健康甚至生命造成伤害。因此，要求仪器设备接通电源后，作业人员不得离开工作岗位，以免非作业人员进入作业区用手触摸仪器设备，发生漏电伤人或损伤仪器设备的安全生产事故。尤其是在使用直流电法、电磁法等仪器时，往往需要使用高压电源，供电电流较大，更要引起重视。

12.3.4 当工作电压超过 36V 时，必须采取下列安全措施：

1 严格执行呼唤应答制度，测站与跑极人员之间必须有可靠联系。
2 导线穿过居民区或道路时，应有安全防范措施。
3 测站应用橡胶垫板与地绝缘，操作员、跑极员工作时应穿绝缘鞋，戴绝缘手套，供电过程中严禁接触电极或电线。

12.3.5 雷雨天气必须停止野外作业，将仪器、电源与供电和测量导线断开。

12.3.6 供电电源的使用应符合下列规定：

1 使用干电池供电电源时，应注意电池极性，严防接错损毁仪器设备，避免受潮、过热、受冻和超负荷使用。
2 蓄电池的使用、充电、存放、运输等，应严格按产品说明书的规定进行，并防止电解液溅出烧伤作业人员。
3 发电机、充电机的使用必须指定专人操作，并随时注意机器的运转状态。

12.4 爆炸作业安全

12.4.1 爆炸物的管理、运输应严格按现行《民用爆炸物品安全管理条例》的有关规定执行，按当地公安机关的要求严格管理。

12.4.2 爆炸作业安全应符合现行《爆破安全规程》（GB 6722）、《地震勘探爆炸安全规程》（GB 12950）和《岩土工程勘察安全标准》（GB 50585）的有关规定。

12.4.3 存放爆炸品的库房应设在安全、便于搬运的非居民区，设专人管理，并应配有通信工具；库房应远离居民点、铁路、建筑物、高压线，最小安全距离 R_x 应按式（12.4.3）确定：

$$R_x = 10\sqrt{Q} \quad (12.4.3)$$

式中：R_x——最小安全距离（m）；
　　　Q——炸药量（kg）。

12.5 陆域作业安全

12.5.1 仪器外壳、面板旋钮、插孔的绝缘电阻应大于 100MΩ；工作电流、电压不得超过仪器额定值。

12.5.2 电路与设备外壳间的绝缘电阻应大于 5MΩ；电路应配有可调平衡负载，严禁空载和超载运行。

12.5.3 作业前应检查仪器、电路和通信工具的工作性状；未断开电源时，作业人员不得触摸测试仪器的探头、电极等器件。

12.5.4 仪器工作不正常时，应先排除电源接触不良和电路短路等外部原因，再使用仪器自检程序检查。

条文说明

12.5.3、12.5.4 条文强调操作程序的正确性，避免作业人员因误操作而导致仪器损毁和发生人员伤亡等安全生产事故。

12.5.5 直流电法勘探作业安全应符合下列规定：
1 测站与跑极员应建立可靠的联系，供电过程中不得接触电极和电缆。
2 测站应采用橡胶垫板与大地绝缘，绝缘电阻不得小于 10MΩ。

条文说明

针对直流电法勘探作业过程中可能存在的不安全因素，规定了相应的安全生产防护措施。

12.5.6 电磁法勘探作业安全应符合下列规定：
1 控制器和发送机开机前应先置于低压挡位，变压开关不得连续扳动；关机时应先将变压开关返回低压挡位后再切断电源。
2 发射站和接收站不得布置在 10kV 以上的高压线下。安全距离应根据采用的物探方法、仪器类型及高压线的电压综合分析，并通过试验确定。
3 未经确认停止供电时，应先查明停止供电的原因，不得触及导线接头，未查明原因前不得进行放线、收线。

条文说明

针对电磁法勘探作业安全说明如下：
（1）本条第 1 款强调控制器和发射机操作的基本要求。电磁法勘探作业主要包括瞬变电磁法、地质雷达法、可控源音频大地电磁法、天然场源音频大地电磁法及电磁波透射法等，其中可控源音频大地电磁法、瞬变电磁法由于涉及使用高压电源，一般供电电压高于 300V，并且电流强度较大，在作业过程中存在较多的不安全生产因素，操作不当足以烧毁仪器甚至造成人身伤害。

（2）由于高压线周围存在很强的交变电磁场，尤其当电磁法仪器的回线装置、线圈、磁棒、天线等位于10kV以上的高压线附近时，在线圈中能感应出高达数伏甚至数百伏的交变电流，轻者影响观测精度，重者损坏仪器，甚至危及人身安全。因此，规定发射站和接收站不得布置在10kV以上的高压线下。至于需要多大的安全距离，由于采用的方法、装置、仪器不同，其影响程度差别较大，需要根据采用的具体方法、仪器及高压线的电压、高度等综合分析确定，以不影响基本的观测为原则。

12.5.7 易燃、易爆管道上严禁采用直接供电法和充电法进行作业。

12.5.8 地下管线探测作业安全应符合下列规定：
1 作业人员应穿反光工作服，佩戴防护帽、安全灯、通信工具等安全防护设备。
2 管道口应设置安全防护栏和安全标志，并有专人负责安全警戒，夜间应设置安全警示灯。
3 作业前应测定有害、有毒及可燃气体浓度，严禁进入情况不明的地下管道。
4 井下管线探测作业严禁使用明火。

条文说明

本条是地下管线探测作业安全的基本规定。地下管线探测作业安全主要包括两方面：一是地面道路上的车辆、行人及管线探测人员等安全；二是地下管廊中有害、有毒及可燃气体的危害，都涉及人民生命财产和公共设施安全，关系到千家万户。安全无小事，因此，地下管线探测过程中的作业安全要引起高度重视，并采取有效的预防措施。

12.6 水域作业安全

12.6.1 水域作业前应与地方政府和有关水文、航运等职能管理部门联系，取得相关部门的许可。

12.6.2 水域物探作业安全应符合下列规定：
1 作业船舶应满足相应水域作业安全的要求，作业前应对船舶、设备、电缆、钢缆、保险绳、绞车、吊机等进行检查，确认安装牢固且符合安全作业要求。
2 作业过程中，水下拖拽设备、吊放设备不应超过钢缆额定拉力。
3 遇有危及作业安全的障碍物时，应停止作业并收回水下拖拽设备。
4 作业过程中，收、放电缆尾标应将船速控制在3节以下。
5 作业船严禁超载使用，船上应设有救生和通信工具，在急流深水区作业时，作业人员必须穿好救生衣。
6 大风、大雾及雨雪天气必须停止作业。

条文说明

水域物探作业能否做到安全生产，除了作业人员的技术素质和安全意识外，作业船舶的选择也是保证其安全生产的一个主要因素。如果作业船舶发生安全事故，可能造成人员伤亡，所以本条强调在实施水域勘察作业前，勘察单位需对作业船舶选择给予足够的重视。根据以往的水域工作经验，在海上或江上作业时，一般要求作业船舶的长度不小于12m，吨位不小于15t，功率不小于14.65kW。

12.6.3 水域地震波法作业时，爆炸作业船与其他作业船之间应保持通信畅通；炸药包投放后应设漂浮标志。

12.6.4 水中爆炸必须加强水域警戒，确认危险区内无船只和人员后方可起爆。

12.6.5 水域地震波法作业时，在平静水域爆炸作业船与爆炸点的安全距离不得小于50m；海上作业爆炸作业船与其他作业船之间的安全距离不得小于100m。

条文说明

考虑海上地震作业安全生产的需要，要求爆炸作业船与其他作业船之间保持一定的安全距离，不得小于100m。因为海上作业经常会遇上大风、大浪天气，从安全生产角度出发，保证有一定的安全距离是必要的。如果作业区是位于江、河、湖、溪等地表水域，由于相对风平浪静，爆炸作业船与其他作业船之间的最小距离在保证安全的前提下，可根据具体情况而定，但不得小于50m。

12.6.6 水底爆炸前必须查明工作区域是否埋设有水底管线，爆炸时应予以避让；在浅水区或水坑内进行爆炸作业时，装药点距水面不应小于1m。

12.6.7 采用电火花震源时，船上作业人员和设备应配备防漏电保护设施和装备。

条文说明

电火花震源会产生瞬间高电压，如发生漏电或操作不当有可能引起火灾、仪器损毁、人员伤亡等重大安全生产事故。因此，要求船上作业设备和作业人员配备绝缘防护用品和配置绝缘防护设施，同时要求在作业过程中经常检查船上电缆的绝缘程度。

12.6.8 采用机械式震源船时，震源船应无破损和漏水，严禁载人或带故障作业。

条文说明

采用机械式震源船时，作业过程中船体不断经受连续冲击，可能造成破损、漏水等导致震源船沉没。所以规定安置震源的船体严禁载人，并且不得带故障作业，以免因安全生产事故导致人员伤亡。

12.6.9 水域电法勘探作业时，跑极船、测站船、漂浮电缆应设置醒目的安全标志，并做好预防漏电的措施。

条文说明

水域勘探除使用地震波勘探外，有时还使用电法、磁法等方法。当采用电法进行勘探作业时，危险因素主要来自作业船上探测设备和导线的绝缘程度、作业船的完好性和作业人员绝缘防护用品的配备等。防止漏水、漏电是保证水域工程物探安全生产作业的基本任务。

12.7 测井作业安全

12.7.1 井场工作人员应戴安全帽，注意井场安全，并防止构件掉入钻孔。

12.7.2 井口滑轮、绞车、刹车等装置必须安装牢固。

12.7.3 升降电缆时，不得跨越或手抓电缆，不得骤然刹车。当井下仪器通过管口或接近井口、井底时，应降低升降速度。

12.7.4 井下探头不得在孔底及不安全井段停留。

12.8 放射性作业安全

12.8.1 放射性作业人员应符合下列规定：
1 应经医院检查身体合格。
2 应取得国家有关部门颁发的资格证书。
3 作业时应佩带铅裙、铅眼镜、剂量笔等防护设备。
4 每周辐射剂量应小于1.8mGy，每日辐射剂量应小于0.45mGy，否则，应停止接触辐射的各项作业。

12.8.2 放射性作业应符合现行《电离辐射防护与辐射源安全基本标准》(GB 18871)的规定。

12.8.3 放射源的运输应符合现行《放射性物品安全运输规程》（GB 11806）的有关规定。

12.8.4 放射源的装卸应使用专用工具,严禁与人体直接接触。非工作时间,放射源必须保存在铅保护罩内。

12.8.5 放射源发生丢失、泄漏等事故,必须立即报告有关部门,并采取有效应对措施妥善处理。

12.9 特殊环境作业安全

12.9.1 雪地作业应符合下列规定:
1 每日出发前应了解气候、行进路线、路况、作业区地形地貌、地表覆盖等情况。
2 在大于30°的陡坡或垂直高度超过2m的边坡上作业,应使用保险绳、安全带。
3 雪地作业两人间距离不应超出有效视线。
4 冰川、雪地作业时,作业人员应成对联结。
5 在雪崩危险带作业,每个行进小组应保持5人以内。
6 在雪线以上高原地区进行作业时,当气温低于零下30℃时,应停止作业或采取防冻措施。

12.9.2 林区、草原作业应符合下列规定:
1 应随身携带足够预防蚊虫、毒蛇叮咬的药品。
2 应随时确定自己位置,并与其他作业人员保持联系。
3 应遵守林区、草原防火的规定。
4 出现火灾预兆或发生火灾时,应及时报警并积极参加灭火。

12.9.3 沙漠、荒漠地区作业应符合下列规定:
1 应备足饮用水,并节约使用。
2 发生沙尘暴时,作业人员应聚集在背风处坐下,蒙头、戴护目镜或把头低到膝部。
3 作业人员应配备防寒、防晒用品,穿明显标志工作服。

12.9.4 海拔3 000m以上的高原地区作业应符合下列规定:
1 初入高原者应逐级登高,减小劳动强度,逐步适应高原环境。
2 高原作业,不得饮酒。
3 野外作业应配备氧气袋、防寒用品用具。
4 人均每日饮用水量不应少于3.5L。

12.9.5 沼泽地区作业应符合下列规定:
1 在沼泽地区作业应佩戴防蚊虫网、皮手套、长筒水鞋,扎紧袖口和裤脚。

2 在沼泽地行走应随身携带探测棒。
3 在植物覆盖的沼泽地段、浮动草地、沼泽深坑地段，应绕道通行，并标识已知危险区。
4 在沼泽地区作业应配备救生用品用具。

12.9.6 岩溶发育地区及旧矿、老窿地区作业应符合下列规定：
1 进入岩洞或旧矿老井、老窿、竖井、探井之前，应预先了解有关情况，采取通风、照明措施，并进行有毒有害气体检测。
2 在垂直、陡斜的旧井壁上取样应设置绞车升降作业台或吊桶。
3 洞穴调查作业时，洞口应预留人员，进洞人员应采取安全措施。

12.10 环境保护

12.10.1 项目开展前应识别影响环境的主要因素，制定相应环境保护计划，采取有效的控制措施以降低对环境保护敏感区域的影响。

12.10.2 施测区域宜避让自然保护区、风景名胜、文物和古迹等重点保护区域，重点环境保护区域应在测量图上标注其位置及说明，并通知有关作业班组加以保护。

12.10.3 施测前应对物探作业人员进行环境保护交底。

12.10.4 布设物探测线应采取措施以减少对作业现场植被的破坏，注意降低测线开辟、设备搬迁、爆炸及施工作业等对地表、植被、树木的破坏和对野生动物及水生动、植物等生态环境的影响。

12.10.5 作业期间产生的固体废物和营地垃圾均应分类别集中管理和存放，并按废弃物的特点和对环境的影响差异进行处理。

条文说明

物探工作中产生的固体废物主要包括废炸药箱、废炮线、废旗标、废油漆桶、废电瓶、废电池、废电线、纸屑及其他废物等，会对环境造成不同程度的影响，因此要分类处理。

12.10.6 生活污水和废液压油、废机油、机修废油等应根据其环境污染和生态破坏因素进行分类处理。

12.10.7 易燃易爆物品、油类、酸碱类等有害物质应按相关规定单独存放，并进行单独处置。

12.10.8 在城镇作业时，应严格按有关规定控制粉尘和噪声污染。当发电机、爆炸等产生的粉尘和噪声超过相关标准时，应停止作业并采取有效的整改措施，达到标准后再继续作业。

12.10.9 高寒地区等特殊环境应采取有针对性的环境保护措施。在水土易流失区域施工时，宜留下灌木树枝的根，以稳定土壤进而控制水土流失。

12.10.10 施工结束后，对于施工过程中开挖弃置的废炮井等应采取填平或其他有效措施进行处理。

附录 A 常见岩土主要物性参数

表 A 岩土主要物性参数表

类别	岩土名称	密度 ρ (g/cm³)	电阻率 ($\Omega \cdot$ m)	纵波速度 V_p (m/s)	横波速度 V_s (km/s)	相对介电常数 ε_r
第四系松散层	黏土	1.75~2.10	$n \times 10 \sim n \times 10^2$	500~1 800	100~400	8~12
	粉土	1.95~2.10	$n \times 10 \sim n \times 10^2$	300~900	100~300	—
	软土、淤泥	—	$n \sim n \times 10$	100~600	—	15~50
	湿砂、卵石	1.7~2.5	$n \times 10^2 \sim 10^3$	1 500~2 500	—	—
	干砂、卵石	1.7~2.4	$n \times 10^3 \sim 10^4$	200~800	—	2~6
	砾石	—	$10^2 \sim 10^3$	800~2 500	—	—
沉积岩	页岩	1.80~2.70	$n \times 10 \sim n \times 10^2$	1 300~4 000	500~2300	7
	砂岩	1.20~2.70	$n \times 10 \sim n \times 10^2$	2 200~4 000	900~2 300	9~11
	石英砂岩	2.60~2.70	$n \times 10^2 \sim n \times 10^3$	3 000~4 500	1 500~2 600	6
	泥岩	1.20~2.40	$n \times 10 \sim n \times 10^2$	1 800~3 800	700~2 200	15~20
	砾岩	2.20~3.10	$n \times 10^2 \sim n \times 10^3$	2 500~4 000	1 100~2 300	—
	灰岩	2.60~3.10	$n \times 10^2 \sim n \times 10^4$	2 500~6 100	1 100~3 500	7~8
	泥灰岩	2.30~2.50	$n \times 10 \sim n \times 10^2$	2 000~4 400	800~2 500	—
	白云岩	2.60~3.10	$n \times 10^2 \sim n \times 10^4$	2 500~5 500	1 100~3 200	8
	煤	1.10~1.30	$n \times 10^3 \sim 5 \times 10^3$	2 500~3 500	—	—
	岩盐	—	$1 \times 10^4 \sim 1 \times 10^6$	4 200~5 500	—	6
变质岩	片岩	2.68~2.92	$2 \times 10^2 \sim n \times 10^3$	4 500~5 500	2 500~3 200	—
	片麻岩	2.65~2.79	$n \times 10^2 \sim n \times 10^3$	4 500~6 000	2 500~3 400	8.5
	石英岩	2.65~2.75	$n \times 10^3 \sim n \times 10^4$	5 000~6 000	2 800~3 400	—
	板岩	2.31~2.75	$n \times 10 \sim n \times 10^3$	3 600~4 500	2 100~2 600	—
	大理岩	2.68~2.72	$n \times 10^2 \sim n \times 10^3$	4 500~5 500	2 500~3 200	6
	千枚岩	2.71~2.86	$n \times 10^2 \sim n \times 10^4$	2 800~5 200	1 400~3 100	—
岩浆岩	花岗岩	2.63~3.30	$n \times 10^2 \sim n \times 10^5$	3 500~6 500	1 800~3 700	5~7
	闪长岩	2.50~3.30	$n \times 10^3 \sim n \times 10^5$	3 000~6 500	1 500~3 700	5~7
	玄武岩	2.70~3.30	$n \times 10^2 \sim n \times 10^5$	3 500~6 500	1 800~3 700	8
	安山岩	2.50~2.70	$n \times 10^2 \sim n \times 10^5$	2 500~5 500	1 300~3 200	5~7

续表 A

类别	岩土名称	密度 ρ (g/cm³)	电阻率 ($\Omega \cdot m$)	纵波速度 V_p (m/s)	横波速度 V_s (km/s)	相对介电常数 ε_r
岩浆岩	辉绿岩	2.70~2.90	$n \times 10^2 \sim n \times 10^5$	3 000~6 000	1 500~3 400	—
	流纹岩	2.50~3.10	$n \times 10^2 \sim n \times 10^5$	3 000~6 000	1 500~3 400	—
	凝灰岩	2.50~3.10	$n \times 10^2 \sim n \times 10^4$	2 600~6 200	1 300~3 500	6~8
其他	地下水	1.0	$<10^2$	—	—	—
	河水	1.0	$<10^2$	—	—	—
	海水	—	0.5~1	—	—	81
	含土冰层	0.8~0.9	$n \times 10^3 \sim n \times 10^4$	3 100~3 600	—	6~8
	混凝土	2.40~2.50	—	2 000~4 500	1 000~2 600	6~8

附录 B 公路工程物探方法选用

表 B 物探方法选用一览表

物探方法		应用项目													
		滑坡	岩溶	采空区	断层	岩堆泥石流	多年冻土	软土	覆盖层	风化层	软弱夹层	隧道超前地质预报	工程质量无损检测	地下水	场地评价	岩体完整程度评价
直流电法勘探	电测深法	○	○	○	○	○	○	○	○	○	○	—	—	○	—	—
	电剖面法	○	○	—	○	—	—	—	—	—	—	—	—	○	—	—
	高密度电法	○	○	○	○	○	○	○	○	○	○	—	—	○	—	—
	自然电位法	—	○	—	—	—	—	—	—	—	—	—	—	—	—	—
	充电法	○	○	—	—	—	—	—	—	—	—	—	—	○	—	—
	激发极化法	○	○	—	—	—	—	—	—	—	—	—	—	○	—	—
电磁法勘探	地质雷达法	○	○	○	○	—	○	—	○	—	○	○	○	○	—	—
	瞬变电磁法	○	○	○	○	—	—	—	—	—	—	○	—	○	—	—
	可控源音频大地电磁法	—	○	—	○	—	—	—	—	—	—	○	—	○	—	—
	天然场源音频大地电磁法	—	○	—	○	—	○	—	—	—	—	○	—	—	—	—
	电磁波透射法	—	○	—	—	—	—	—	—	—	—	—	○	—	—	—
地震勘探与测试	折射波法	○	—	—	○	○	○	○	○	○	—	—	—	—	—	○
	反射波法	○	○	○	○	—	○	○	○	○	○	○	—	—	—	○
	地震波透射法	—	○	—	○	—	—	—	—	—	—	○	○	—	—	○
	瑞利面波法	○	—	—	—	○	○	○	○	○	○	—	○	—	○	—
	水域地震波法	—	○	—	○	—	—	○	○	—	—	—	—	—	—	—
	水声法	—	—	—	—	—	—	—	○	—	—	—	—	—	—	—
	声波测试	—	—	—	—	—	—	—	—	—	—	—	○	—	○	○
	地脉动测试	—	—	—	—	—	—	—	—	—	—	—	—	—	○	—
磁法勘探	地面磁法	—	—	○	—	—	—	—	—	—	—	—	—	—	—	—
	水域磁法	—	—	—	○	—	—	—	—	—	—	—	—	—	—	—
放射性勘探	伽马测量法	—	—	○	○	—	—	—	—	—	—	—	—	—	—	—
	氡气测量法	—	—	○	○	—	—	—	—	—	—	—	—	—	—	—

续表 B

物探方法		应用项目														
		滑坡	岩溶	采空区	断层	岩堆泥石流	多年冻土	软土	覆盖层	风化层	软弱夹层	隧道超前地质预报	工程质量无损检测	地下水	场地评价	岩体完整程度评价
地球物理测井	电测井	—	—	○	○	—	—	○	○	—	○	—	—	○	—	—
	地震波速测井	—	—	—	—	—	—	○	○	○	○	—	—	—	○	○
	声波测井	—	—	○	○	—	—	—	—	○	○	—	○	—	○	○
	超声波成像测井	—	—	○	—	—	—	—	—	—	○	—	—	—	—	—
	放射性测井	—	○	—	—	—	—	—	—	—	—	—	—	○	—	—
	电视测井	—	○	○	—	—	—	—	—	—	○	—	—	—	—	—
	井温测量	—	○	—	—	—	—	—	—	—	—	—	—	○	—	—
	井径测量	○	—	—	—	—	—	—	—	—	—	—	—	—	—	—
	井斜测量	○	—	—	—	—	—	—	—	—	—	—	—	—	—	—

注:"○"表示可选用方法。

本规程用词用语说明

1 本规程执行严格程度的用词,采用下列写法:

1)表示很严格,非这样做不可的用词,正面词采用"必须",反面词采用"严禁";

2)表示严格,在正常情况下均应这样做的用词,正面词采用"应",反面词采用"不应"或"不得";

3)表示允许稍有选择,在条件许可时首先应这样做的用词,正面词采用"宜",反面词采用"不宜";

4)表示有选择,在一定条件下可以这样做的用词,采用"可"。

2 引用标准的用语采用下列写法:

1)在标准总则中表述与相关标准的关系时,采用"除应符合本规程的规定外,尚应符合国家和行业现行有关标准的规定"。

2)在标准条文及其他规定中,当引用的标准为国家标准和行业标准时,表述为"应符合《××××××》(×××)的有关规定。

3)当引用本标准中的其他规定时,表述为"应符合本规程第×章的有关规定"、"应符合本规程第×.×节的有关规定"、"应符合本规程第×.×.×条的有关规定"或"应按本规程第×.×.×条的有关规定执行"。

公路工程现行标准规范一览表

(2020 年 9 月)

序号	类别	编号	书名(书号)	定价(元)
1	基础	JTG 1001—2017	公路工程标准体系(14300)	20.00
2		JTG A02—2013	公路工程行业标准制修订管理导则(10544)	15.00
3		JTG A04—2013	公路工程标准编写导则(10538)	20.00
4		JTG B01—2014	公路工程技术标准(活页夹版,11814)	98.00
5		JTG B01—2014	公路工程技术标准(平装版,11829)	68.00
6		JTG 2111—2019	小交通量农村公路工程技术标准(15372)	50.00
7		JTG 2120—2020	公路工程结构可靠性设计统一标准(16532)	50.00
8		JTG B02—2013	公路工程抗震规范(11120)	45.00
9		JTG/T 2231-01—2020	公路桥梁抗震设计规范(16483)	80.00
10		JTG 2232—2019	公路隧道抗震设计规范(16131)	60.00
11		JTG B03—2006	公路建设项目环境影响评价规范(13373)	40.00
12		JTG B04—2010	公路环境保护设计规范(08473)	28.00
13		JTG B05—2015	公路项目安全性评价规范(12806)	45.00
14		JTG B05-01—2013	公路护栏安全性能评价标准(10992)	30.00
15		JTG/T 2340—2020	公路工程节能规范(16115)	30.00
16		JTG/T 3310—2019	公路工程混凝土结构耐久性设计规范(15635)	50.00
17		JTG/T 6303.1—2017	收费公路移动支付技术规范 第一册 停车移动支付(14380)	20.00
18		JTG B10-01—2014	公路电子不停车收费联网运营和服务规范(11566)	30.00
19	勘测	JTG C10—2007	公路勘测规范(06570)	40.00
20		JTG/T C10—2007	公路勘测细则(06572)	42.00
21		JTG C20—2011	公路工程地质勘察规范(09507)	65.00
22		JTG/T C21-01—2005	公路工程地质遥感勘察规范(0839)	17.00
23		JTG/T C21-02—2014	公路工程卫星图像测绘技术规程(11540)	25.00
24		JTG/T 3222—2020	公路工程物探规程(16831)	60.00
25		JTG C30—2015	公路工程水文勘测设计规范(12063)	70.00
26	设计 / 公路	JTG D20—2017	公路路线设计规范(14301)	80.00
27		JTG/T D21—2014	公路立体交叉设计细则(11761)	60.00
28		JTG D30—2015	公路路基设计规范(12147)	98.00
29		JTG/T D31—2008	沙漠地区公路设计与施工指南(1206)	32.00
30		JTG/T D31-02—2013	公路软土地基路堤设计与施工技术细则(10449)	40.00
31		JTG/T D31-03—2011	采空区公路设计与施工技术细则(09181)	40.00
32		JTG/T D31-04—2012	多年冻土地区公路设计与施工技术细则(10260)	40.00
33		JTG/T D31-05—2017	黄土地区公路路基设计与施工技术规范(13994)	50.00
34		JTG/T D31-06—2017	季节性冻土地区公路设计与施工技术规范(13981)	45.00
35		JTG/T D32—2012	公路土工合成材料应用技术规范(09908)	50.00
36		JTG/T 3334—2018	公路滑坡防治设计规范(15178)	55.00
37		JTG D40—2011	公路水泥混凝土路面设计规范(09463)	40.00
38		JTG D50—2017	公路沥青路面设计规范(13760)	50.00
39		JTG/T 3350-03—2020	排水沥青路面设计与施工技术规范(16651)	50.00
40		JTG/T D33—2012	公路排水设计规范(10337)	40.00
41	设计 / 桥隧	JTG D60—2015	公路桥涵设计通用规范(12506)	40.00
42		JTG/T 3360-01—2018	公路桥梁抗风设计规范(15231)	75.00
43		JTG/T 3360-02—2020	公路桥梁抗撞设计规范(16435)	40.00
44		JTG/T 3360-03—2018	公路桥梁景观设计规范(14540)	40.00
45		JTG D61—2005	公路圬工桥涵设计规范(13355)	30.00
46		JTG 3362—2018	公路钢筋混凝土及预应力混凝土桥涵设计规范(14951)	90.00
47		JTG 3363—2019	公路桥涵地基与基础设计规范(16223)	90.00
48		JTG D64—2015	公路钢结构桥梁设计规范(12507)	80.00
49		JTG D64-01—2015	公路钢混组合桥梁设计与施工规范(12682)	45.00
50		JTG/T 3364-02—2019	公路钢桥面铺装设计与施工技术规范(15637)	50.00
51		JTG/T 3365-01—2020	公路斜拉桥设计规范(16365)	50.00
52		JTG/T D65-04—2007	公路涵洞设计细则(06628)	26.00
53		JTG/T D65-05—2015	公路悬索桥设计规范(12674)	55.00
54		JTG/T D65-06—2015	公路钢管混凝土拱桥设计规范(12514)	40.00
55		JTG 3370.1—2018	公路隧道设计规范 第一册 土建工程(14639)	110.00
56		JTG/T D70—2010	公路隧道设计细则(08478)	66.00
57		JTG D70/2—2014	公路隧道设计规范 第二册 交通工程与附属设施(11543)	50.00
58		JTG/T D70/2-01—2014	公路隧道照明设计细则(11541)	35.00
59		JTG/T D70/2-02—2014	公路隧道通风设计细则(11546)	70.00
60		JTG/T 3374—2020	公路瓦斯隧道设计与施工技术规范(16141)	60.00
61	交通工程	JTG D80—2006	高速公路交通工程及沿线设施设计通用规范(0998)	25.00
62		JTG D81—2017	公路交通安全设施设计规范(14395)	60.00

续上表

序号	类别		编号	书名(书号)	定价(元)
63	设计	交通工程	JTG/T D81—2017	公路交通安全设施设计细则(14396)	90.00
64			JTG/T 3381-02—2020	公路限速标志设计规范(16696)	40.00
65			JTG D82—2009	公路交通标志和标线设置规范(07947)	116.00
66			JTG/T 3383-01—2020	公路通信及电力管道设计规范(16686)	40.00
67		综合	交办公路〔2017〕167号	国家公路网交通标志调整工作技术指南(14379)	80.00
68			交公路发〔2007〕358号	公路工程基本建设项目设计文件编制办法(06746)	26.00
69			交公路发〔2015〕69号	公路工程特殊结构桥梁项目设计文件编制办法(12455)	30.00
70	检测		JTG E20—2011	公路工程沥青及沥青混合料试验规程(09468)	106.00
71			JTG E30—2005	公路工程水泥及水泥混凝土试验规程(13319)	55.00
72			JTG 3430—2020	公路土工试验规程(16828)	120.00
73			JTG E41—2005	公路工程岩石试验规程(13351)	30.00
74			JTG E42—2005	公路工程集料试验规程(13353)	50.00
75			JTG E50—2006	公路工程土工合成材料试验规程(13398)	40.00
76			JTG E51—2009	公路工程无机结合料稳定材料试验规程(08046)	60.00
77			JTG 3450—2019	公路路基路面现场测试规程(15830)	90.00
78			JTG/T E61—2014	公路路面技术状况自动化检测规程(11830)	25.00
79			JTG/T 3512—2020	公路工程基桩检测技术规程(16482)	60.00
80	施工	公路	JTG/T 3610—2019	公路路基施工技术规范(15769)	80.00
81			JTG/T F20—2015	公路路面基层施工技术细则(12367)	45.00
82			JTG/T F30—2014	公路水泥混凝土路面施工技术细则(11244)	60.00
83			JTG/T F31—2014	公路水泥混凝土路面再生利用技术细则(11360)	30.00
84			JTG F40—2004	公路沥青路面施工技术规范(05328)	50.00
85			JTG/T 5521—2019	公路沥青路面再生技术规范(15839)	60.00
86		桥隧	JTG/T 3650—2020	公路桥涵施工技术规范(16434)	125.00
87			JTG/T 3650-02—2019	特大跨径公路桥梁施工测量规范(15634)	80.00
88			JTG/T 3660—2020	公路隧道施工技术规范(16488)	100.00
89		交通	JTG F71—2006	公路交通安全设施施工技术规范(13397)	30.00
90			JTG/T F72—2011	公路隧道交通工程与附属设施施工技术规范(09509)	35.00
91	质检安全		JTG F80/1—2017	公路工程质量检验评定标准 第一册 土建工程(14472)	90.00
92			JTG F80/2—2004	公路工程质量检验评定标准 第二册 机电工程(05325)	40.00
93			JTG G10—2016	公路工程施工监理规范(13275)	40.00
94			JTG F90—2015	公路工程施工安全技术规范(12138)	68.00
95	养护管理		JTG H10—2009	公路养护技术规范(08071)	60.00
96			JTJ 073.1—2001	公路水泥混凝土路面养护技术规范(13658)	20.00
97			JTG H11—2004	公路桥涵养护规范(05025)	40.00
98			JTG H12—2015	公路隧道养护技术规范(12062)	60.00
99			JTG 5142—2019	公路沥青路面养护技术规范(15612)	60.00
100			JTG 5150—2020	公路路基养护技术规范(16596)	40.00
101			JTG/T 5190—2019	农村公路养护技术规范(15430)	30.00
102			JTG 5210—2018	公路技术状况评定标准(15202)	40.00
103			JTG 5220—2020	公路养护工程质量检验评定标准 第一册 土建工程(16795)	80.00
104			JTG 5421—2018	公路沥青路面养护设计规范(15201)	40.00
105			JTG/T H21—2011	公路桥梁技术状况评定标准(09324)	46.00
106			JTG H30—2015	公路养护安全作业规程(12234)	90.00
107			JTG 5610—2020	公路养护预算编制导则(16733)	50.00
108			JTG/T 5640—2020	农村公路养护预算编制办法(16302)	70.00
109	加固设计与施工		JTG/T J21—2011	公路桥梁承载能力检测评定规程(09480)	20.00
110			JTG/T J21-01—2015	公路桥梁荷载试验规程(12751)	40.00
111			JTG/T J22—2008	公路桥梁加固设计规范(07380)	52.00
112			JTG/T J23—2008	公路桥梁加固施工技术规范(07378)	40.00
113			JTG/T 5440—2018	公路隧道加固技术规范	70.00
114	改扩建		JTG/T L11—2014	高速公路改扩建设计细则(11998)	45.00
115			JTG/T L80—2014	高速公路改扩建交通工程及沿线设施设计细则(11999)	30.00
116	造价		JTG 3810—2017	公路工程建设项目造价文件管理导则(14473)	50.00
117			JTG/T 3811—2020	公路工程施工定额测定与编制规程(16083)	60.00
118			JTG/T 3812—2020	公路工程建设项目造价数据标准(16836)	100.00
119			JTG 3820—2018	公路工程建设项目投资估算编制办法(14362)	60.00
120			JTG/T 3821—2018	公路工程估算指标(14363)	120.00
121			JTG 3830—2018	公路工程建设项目概算预算编制办法(14364)	60.00
122			JTG/T 3831—2018	公路工程概算定额(14365)	270.00
123			JTG/T 3832—2018	公路工程预算定额(14366)	300.00
124			JTG/T 3833—2018	公路工程机械台班费用定额(14367)	50.00
125			JTG/T M72-01—2017	公路隧道养护工程预算定额(14189)	60.00

注:JTG——公路工程行业标准体系;JTG/T——公路工程行业推荐性标准体系。批发业务电话:010-59757973;零售业务电话:010-85285659(北京);网上书店电话:010-59757908;业务咨询电话:010-85285922,85285930。